2026年日本国破産

〈対策編 下〉

浅井 隆

第二海援隊

2026年 日本国破産〈対策編・下〉

2026年 日本国破産〈対策編・下〉————目次

第一章 国内の手段だけでは財産を守れないこれだけの理由

第二章　対策——応用編〈その1〉

※注　本書では一米ドル＝一三〇円、一ニュージーランドドル＝八〇円、一シンガポールドル＝一〇〇円で計算しました。

※注　特定していない「ドル」表記はすべて「米ドル」を意味しています。

第一章

国内の手段だけでは財産を守れないこれだけの理由

すべての人に助言したいのは、海外にも資産を持つことです。
日本は安泰であると信じたいでしょうが、いつ何が起きてもおかしくない。
旅行で行ったことがあるとか、親しみを持てるとか、
どの国でもよいので海外での資産運用を検討してください。
これこそが本当に自分を守るための保険であり、お金を殖やす手段。

（ジム・ロジャーズ）

国家破産対策の神髄に到達せよ！

いよいよ差し迫る国家破産の危機に、私たちはいかに対処すべきか。

前著『２０２６年 日本国破産〈対策編・上〉』では、将来起こり得ることをタイムスケジュール形式で追い、そうした事象にいかなる心構えで臨むべきか、守るべき鉄則とは何かを振り返り、そして対策の〈基礎編〉として、日本国内でできる対策を具体的に見てきた。これらは、まさに国家破産対策の「基本中の基本」であり、どれも外すことのできない内容ばかりである。

ただ、これらを網羅《もうら》すれば対策は十分かというと、実は残念ながらまったくもって不十分であると言わざるを得ない。国家破産をサバイバルするには、実を言うと基本「だけ」を忠実に守っていては目的を達することは難しい。対策の神髄は、基本を押さえた上でさらに「その先」にこそあるからだ。

本書〈対策編・下〉では、基本をしっかりと固めたという前提で、さらに行なうべき対策の〈応用編〉を見て行くが、ここからが本当の意味で危機に対抗し得る有用な対策となる。ぜひ、心して読み進めていただきたい。

〈応用編〉では、大きく二つの種類の対策を取り上げる。一つは「海外の活用」、もう一つは「ピンチをチャンスに変える投資」だ。この二つのテーマはいずれも国家破産時代を生き残るために重要であるが、「ピンチをチャンスに変える」というテーマは、言い方を変えれば本当の意味での〈応用編〉にあたる。イメージとしては、巨大台風で大荒れの最中、漁《りょう》に出て大物を狙うようなもので、平時と比べてリスクが高い勝負をあえて行なうような話だ。

ただ、投資の世界は本物の漁とは異なる。やり方さえ間違わなければ命を張るような危険もないし、財産をあらかた失って路頭に迷うということもない。誰もが果敢に挑戦し、成功の果実を掴むことが可能なのだ。その点については、後段の章で触れる。

もちろん、知識も経験もなく、楽をしてチャンスをものにできるほど投資の世界は甘いものではない。また、これを取り組まなければ国家破産を生き残れない、というものでもない。「激動をたくましく生き抜く！」という気概のある方はぜひ積極的に挑戦することを勧めるが、「なるべく大過なく過ごしたい」「守りだけで十分」という方が無理を押して取り組む必要はないだろう（とはいえ、激動の時代にそのような消極的な心構えというのではかなり心許ないが）。

さて、もう一方の「海外の活用」だが、これは国家破産を生き残りたい方は必ず取り組むべき方策となる。「海外」というと、言葉の壁や習慣・文化の違いなどが思い浮かび、「面倒では？」「自分などにできるか？」とお考えの方も多いかもしれないし、中には「海外アレルギー」を持つという方もいるかもしれない。しかしながら、そんなことは言っていられない。なにしろ、海外の活用なくして国家破産という大災害にあたって資産防衛を果たし、生き残って行くことなどとても無理だからだ。

また、やり方をうまく選び専門家の知見を活用すれば、存外に対策を行なうことは難しくない。日本に居ながらにして実行できる対策もあり、原則として特別な条件や制限もないため、誰でも行なうことができるのだ。

それでも、尻込みする読者の方もいるかと思う。そこでこの章では、「なぜ、国内の対策だけでは不十分なのか」「なぜ、海外の活用が必須なのか」について詳細に見て行き、「海外を活用」した国家破産対策がなぜ必須なのか、改めて理解を深めて行きたい。

国内に置いておくと、資産は様々なリスクにさらされる

日本国内で一般の個人が保有できる財産の種類をざっと並べると、一一三ページのようなものが挙げられるだろう。

金融の観点で言えば、資産の分類を表す「資産クラス」としてコモディティ（原油や天然ガスなどのエネルギー、小麦や大豆などの農産物、鉄や銅などの鉱物などの商品）や先物・オプションなどのデリバティブもその対象となるが、それほど一般的ではないため一旦脇に置いておく。また、二一世紀に入ってから発展したFXやクラウドファンディングといった分野も、新しい投資対象で

日本国内で個人が保有できる財産の種類

1 **現金**（日本円、外貨）

2 **預貯金**（日本円、外貨）

3 **金融商品**
――株式・債券・投資信託

4 **不動産**（土地・建物、山林等）

5 **金《きん》、銀、プラチナ**

6 **暗号資産**

7 **その他**
（FX、クラウドファンディング）

はあるがこれらも一旦置いておく。

さて、これら国内資産は国家破産時にどのようなリスクにさらされるのだろうか。過去の歴史や海外の事例も参考にしながら、それぞれ簡単に見て行こう。

❶現金（日本円・外貨）

国家破産した状態になると、通貨の価値は暴落する。世界で流通する通貨の大半は、現在では「金《きん》（ゴールド）を裏付け」としたものではなく、「国家の信用が裏付け」となっている。つまり国家破産になって国の信用が失墜すれば、その価値が暴落するのは当然の帰結なのだ。よって、タンス預金の日本円は価値がどんどん低下して行くだろう。現金の最大のリスクは、この点にある。もちろん、国家破産とは関係なく盗難や焼失のリスクもある。治安の悪化によって強盗や放火が増えることも考慮すると、相当なリスクと言えるだろう。

しかし、これが外貨現金、特に米ドル現金を保有するとなると、話は大分変わる。まず、米ドル現金は国家破産で減価しない。むしろ相対的に価値が上昇すらする。また、日本円が紙キレになり、世の中が大混乱するような時期には、米ドルの現金が非常に重宝されるようになる。実際、私がかつて国家破産取材で訪れたロシア、トルコ、ジンバブエ、アルゼンチン、ベネズエラ（最後のベネズエラだけは危険過ぎたため隣国で取材）のいずれにおいても、自国通貨が紙キレ同然の局面で米ドルが流通し、保有していた人たちは難を逃れることができたという話があった。

また、直接取材したわけではないが、第一次世界大戦直後にハイパーインフレに見舞われたドイツでも同じ状態だったという。しかも、その米ドルの価値は、平時のそれとは比較にならないほどだったのだ。当時の逸話によると、たった一ドルで大人四人がナイトクラブをはしごし、夜通し飲み食いしておつりがきたという。

❷預貯金（日本円・外貨）

これは前著〈対策編・上〉でも説明した通りだが、基本的に国家破産時代に銀行の「安全神話」を信じてはいけない。銀行を救済すべき立場にある政府・日銀の財政が崩壊しているのだから、破綻した銀行の預金を全額救済するなどという話はまずあり得ない。ペイオフ（預金保護）の枠外となる一〇〇〇万円超の預貯金、外貨預金は戻ってこないものと覚悟すべきだろう。

日本において、ペイオフ制度が発足してから実際にペイオフが発動した例は、二〇一〇年に破綻した日本振興銀行によるもののみである。ここは特殊な銀行で、預金カットの対象者が全預金者の三％程度しかいなかったため社会的なインパクトは大きくなかった。最終的に預金の六〇％が弁済されたというが、中には四〇〇〇万円の老後資金を預けていた人もいたというから、その預金者は一六〇〇万円も損をしたということになるだろう。

海外での近年のペイオフの事例として有名なのが、二〇一三年三月に預金封鎖を行なったキプロスだ。ロシアの富裕層が租税回避のためにキプロスの銀行に多額の預金を行なっていたが、キプロスの銀行は資金運用のため多額のギリシャ国債を保有していた。それが、二〇一〇年の「ギリシャ・ショック」により大きく毀損《きそん》し、莫大な損失を抱えたのだ。キプロス政府はEUに支援を求めたが、EUは預金に課税して五八億ユーロをねん出することを条件とした。

その結果、キプロス政府はペイオフ対象となる一〇万ユーロ（当時約一二〇〇万円）以下に六・七五％、一〇万ユーロ超に九・九％の預金税を課すこととしたが、最終的には一般国民にも負担が大きいこの案は却下され、最大手のキプロス銀行については一〇万ユーロを超える分の六二・五％を没収、二番手のライキ銀行に至っては一〇万ユーロ超の全額を没収するという決断が下された。EUの支援実施と巨額損失の清算などのため、引き出し制限は二年後の二〇一五年四月まで続いた。

この決定に、資産を預けていたロシアの富豪たちはパニックに陥った。莫大な資産の大半が没収の憂き目に遭うということで、仮想通貨を使った資産逃避やキプロスの銀行の海外支店を使うなど、様々な手を講じたという。しかし、結局ははかばかしい成果は上げられず、彼らは莫大な資産を失った。

このような銀行の破綻とペイオフ発動といった事態は、たとえ国家破産の極限状態であってもすべての銀行に起きるわけではない。ただ、仮に銀行が生き残ったとしても、預けた資産が無事である可能性は極めて低いものとなるだろう。国家破産となれば、財政再建の過程で多額の資産流出を食い止めるため長期間にわたる預金封鎖・引き出し制限が行なわれることは、まず間違いない。

実際、キプロスの例でも二年間は引き出し制限が実施されていたし、二〇一五年七月に預金封鎖を実施したギリシャも、二〇一八年一〇月に制限解除されるまで三年強もかかっている。日本の戦後の預金封鎖も、解除されたのは一九四八年七月のことだ。

預金封鎖・引き出し制限も、単に封鎖されるだけならまだ影響は小さい。最も恐ろしいのは、封鎖されている間に預金の実質価値がどんどん目減りして行くことだ。前述のギリシャやキプロスの場合、預金はユーロ建てである。つまり、キプロスやギリシャの財政がどうあれ、通貨の価値が大きく毀損《きそん》することはなかったのだ。しかし、日本の場合は実質的な通貨発行主体が破綻するのだから、時間が経つほどに通貨価値が下がって行く宿命にある。そこで預金封鎖などされれば、それは「緩慢《かんまん》なる死」が確定したも同然だ。

こうした事情を考えると、財産の主要部分が国内銀行にある状態がいかに危険か、おわかりいただけるだろう。家計を維持するための、あるいは比較的近い将来に必要となる財産は国内銀行に置いておくこともやむを得ないが、まとまった額の老後資金などを入れておくことは、財産を非常に危険な状態にさらすことになるのだ。

❸株式・債券・投資信託

では、財産を「株式」や「債券」、あるいは「投資信託」の形で保有するのはどうだろうか。銀行とは異なり、証券会社が潰れても株式や債券、投信は原則として価値が毀損することはない。ただ、発行体リスク（株や債券を発行する会社の破綻などで損失を被る可能性）はあるため、国家破産の影響で会社が倒産し、大きな損失を被る可能性には注意が必要だ。とは言っても、国家破産時にすべての会社が倒産するわけではない。

「株式」に関しては、第一次世界大戦後に国家破産したドイツでも、一〇〇年間で幾度ものデフォルト（債務不履行）に陥った破綻常習国のアルゼンチンでも、二〇〇九年に天文学的なインフレに見舞われたジンバブエでも、株式市場は開かれ、取引は行なわれていた。それどころか、インフレが高進するに伴って取引が過熱し、銘柄によってはインフレ率も超えるものもいくつもあったようだ。

日本においても、太平洋戦争終戦直前に株式市場が閉鎖されたものの、証券会社の店頭取引で活発な株取引が行なわれ、インフレの高進に伴って株価も急騰したという記録が残っている。よって、株式での資産保有は決してまったくのムダではなく、むしろ積極的に取り組む価値があるだろう。

企業の「債券」も、同様に会社が倒産さえしなければ約束通りに利息が支払われ、満額償還されることだろう。ただ債券は、株とは異なり勝手に価値が上昇したり配当が増えたりしない。したがって、インフレが高進すれば利息や償還金の実質価値は減価して行くことになる。そうした観点で見ると、株式に比べて相対的に不利な資産と言えるだろう。

「投資信託」は、証券会社の関連会社などが組成するものが多く、内容は様々だが株式や債券であることが多い。人手を介して組成・管理されるため内部的にコストがかかっており、運用成績などの面で株式や債券に見劣りする可能性が高い。国家破産の影響で投資信託の解約が殺到すれば、やむなく解散という流れになるが、ここでも清算コストがかかることになるため、やはり非常に不利と言わざるを得ないだろう。もちろん、生き残ってパフォーマンスを発揮する銘柄もあるかもしれないが、国内に数千ある銘柄のうち、「持っていてよかった」というものは一割にも満たないだろうと見られる。それならば、株式に直接投資する方がよほど期待できるのではないだろうか。

さて、「株式」「債券」「投資信託」などの金融資産は、銘柄が存続し資産価値を維持できるかという問題の他に、別のリスクも考えなければならない。国家破産による当局からの制限や規制がどの程度およぶか、という点だ。

結論から言うと、もし財産税がかけられることになった場合、これら金融資産も課税対象となる可能性は「非常に高い」だろう。太平洋戦争終戦後に行なわれた財産税においても、銀行預金にとどまらず株式、不動産など幅広い資産が課税対象となったからだ。ただ、預金封鎖のように証券口座が凍結されたり、そこから資産が没収されたりする可能性は低いと考えられる。それは、株式市場などに直接制限をかけてしまえば日本の金融市場に著しい打撃を与え、経済への悪影響がおよぶからだ。

財政破綻で危機的状況の日本経済に、さらなる致命傷を与えるような話であり、さすがに政府当局もそのような「悪手」を講じることは考えにくい。特に株式はインフレ局面に強みを発揮するという傾向もあるため、株式で資産を保有するのは国内の資産保有方法として十分に「アリ」と言ってよいだろう。

一点注意したいのは、預金封鎖のように証券口座が凍結されることはなくとも、預金封鎖が行なわれている時にはこれらを現金化して使うことは難しいということだ。証券会社は、株式などの有価証券を預かる会社であって、銀行のように現金を扱うことは原則できない。株を売却しても、証券口座から直接現金を振り出すことはできないのだ。

一部の証券会社では店頭に独自のＡＴＭを設置し、証券口座から現金を振り出せるサービスを行なっているが、おそらく預金封鎖時にはそれらＡＴＭなども引き出し制限がかかることになるだろう。したがって、あくまでも資産の長期保有方法としてとらえ、有事のサバイバル資金としては考えないことだ。

４ 不動産（土地・建物、山林など）

次に、「不動産」について見て行こう。不動産は一般的に「インフレに強い資産」とされる。これには二五ページの図に示したように三つの理由があると言われる。国家破産時には、通貨価値の下落を通じてインフレが高進するため、不動産が本当にインフレに強いならば国内での資産防衛策として好適、ということになる。

しかしながら、私はこれを安直に信じるべきではないと考える。その理由をいくつかの具体例も交えながら説明しよう。

まず「本当にインフレに強いのか」だが、不動産であれば何でもインフレに強いと考えるのはあまりに短絡的だ。不動産も需給に応じて価格が決まるため、世の中がどんなにインフレであっても需要が見込めない物件には、当然それなりの値段しか付かない。大都市の一等地であれば需要もそれなりにあるため心配ないだろうが、たとえば地方の中古一戸建てで立地などの条件が悪い物件などは、いくら安くしても買い手が付かないということすら十分にあり得る。

実際、日本各地で空き家が激増し、社会問題になっている。住人の死亡や入院、介護施設への入所などで住む人がいなくなり長期にわたって放置されているというもので、これらは倒壊やごみの不法投棄、放火などの悪影響も懸念されており、一九九八年から二〇一八年の二〇年間でその数は一八二万戸から三四七万戸に倍増している（総務省『住宅・土地統計調査』）。空き家は、今後も急速に増加して行くと考えられるため、よほど条件が良い物件でなければ今後高値で売却できる可能性は下がって行くだろう。

同様に、賃貸物件で家賃上昇を見込むにしても、やはり高い入居率を維持で

不動産がインフレに強いとされる理由

①現物資産であるため、現金や有価証券に比べ価値が下がりにくく、物価上昇見合いで価格の上昇が見込める

②賃貸物件であれば物価上昇に見合った家賃上昇が期待できる

③借り入れで物件を所有する場合、インフレ見合いで借金の実質価値が目減りする

きるかがカギとなる。少子高齢化で、全体の住宅需要は右肩下がりなのが日本の現状である。インフレ見合いで家賃が上がっても空室率も上がったのでは、まったくペイしないという危険性もある。

また、インフレによって借入金の実質価値が減少するという話は、率直に言ってかなり微妙な話だ。ハッキリ言うなら、不動産屋の営業トークの類《たぐい》、話半分に聞くべき話である。もちろん、元本はインフレによって増えたりしないため実質価値が減少するというのは事実なのだが、本当に重要なのはそこではなく、利息を含めて継続的な返済が可能なのかという点だ。もし、変動金利で借り入れしていた場合、インフレに応じた水準に金利が引き上げられれば毎月の返済ができなくなる危険性も大いにある。実際、一九九八年のアジア通貨危機の際に「ＩＭＦ危機」に陥った韓国では、金利が急騰し住宅ローンに三〇％超の金利が適用される事態になった。返済に窮した人々が続出し、彼らは一様に大きな負債を抱えながら泣く泣く家を手放したという。

では、固定金利にしていれば安心かというと、国家破産のような事態におい

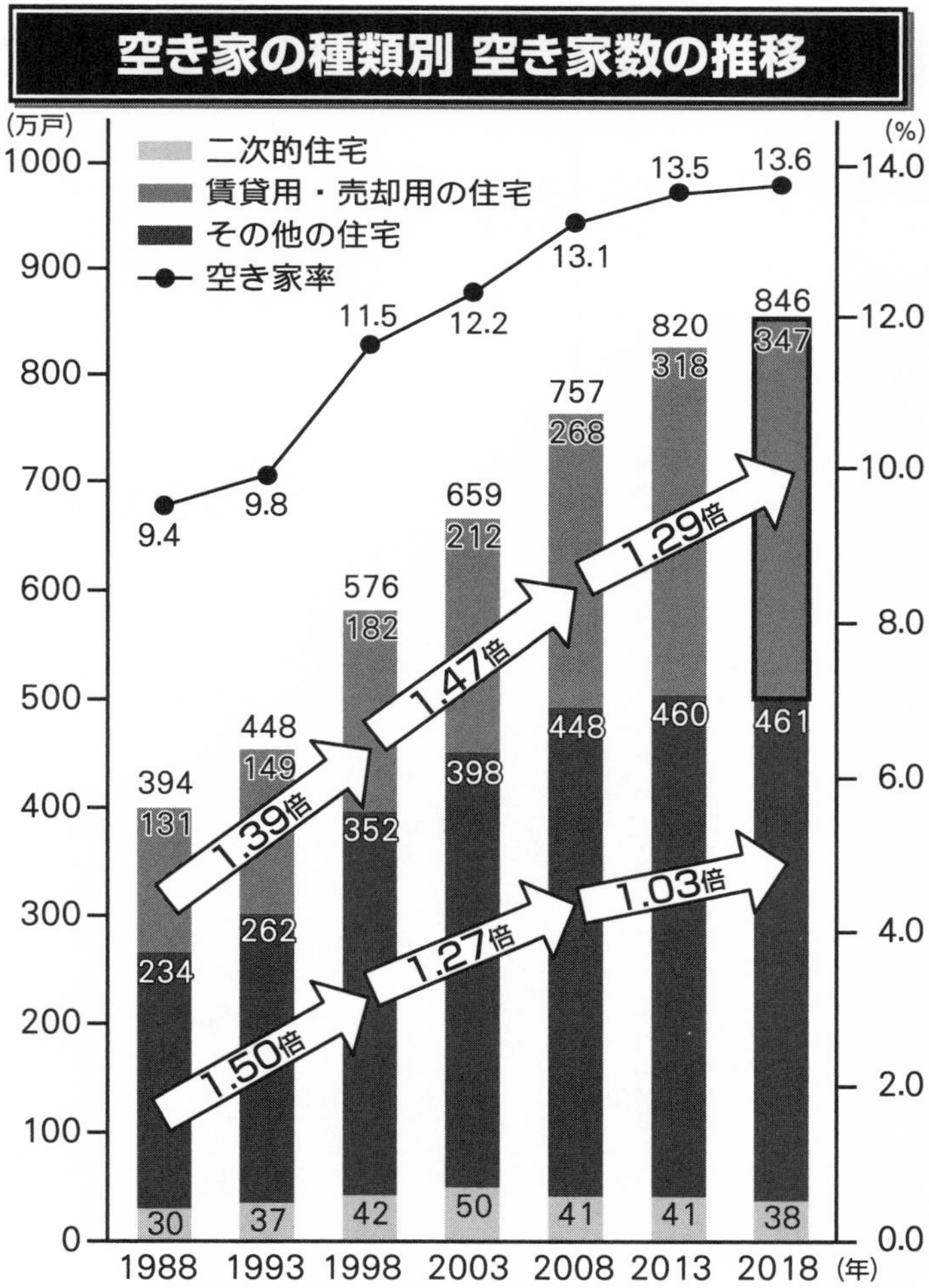

日本の空き家はまだまだ増える。つまり、需給が緩み、優良な一部の物件しか価格が維持されないということ。

住宅・土地統計調査（総務省）のデータを基に作成

ては安心できない。高インフレ下で低利の固定金利は借り手としては非常に魅力的だが、貸付けしている金融機関にとっては逆ザヤであり、実質的な損失となる。それでも金融機関の経営が順調なら問題ないが、国家破産で経済も大打撃を受ける中、金融機関の経営が厳しくなれば当然何らかの策を打つ必要がある。場合によっては、政府に要請して住宅ローンの固定金利を引き上げるような、何らかの措置を講じる可能性すらあるかもしれない。

また、もし固定金利ローンを含む複合的な問題で金融機関が破綻すれば、住宅ローンの債権も他社に譲渡されることとなるが、新たな債権者がたとえば「債務を減免する代わりに金利を上げる」もしくは「債務を減免する代わりに一括返済を求める」などの条件を出すことも考えられる。借金が目減りするのは嬉しいことだが、条件に応じると毎月の支払いが厳しくなったり、まとまった支払いをしなければならなかったりといった事態になれば、物件を維持することが難しくなるだろう。

もちろん、こうした「有事の条件」について、現在の住宅ローンの約款にはどこにも書かれていないし、窓口に問い合わせても「ご質問にはお答えしかねる」という返答しか得られない。国家破産というのは、「想定外の有事」であるためそれは当然のことなのだが、だからと言って先ほど説明したようなリスクがないのかと言えば、そんなことはない。貸す側も命懸けであるから、あらゆる手立てで回収しにくるのが自然なことだ。そこまで見越して行なうのが、「国家破産対策」である。

不動産について、別のリスク要因に触れておこう。それは、「増税」だ。日本では、所有する不動産の価値に応じた税金を「固定資産税」として課している。不動産の価値は、土地や建物の時価を元に「固定資産税評価額」として算定され、これに現在は一・四％（地域によっては一・五％や一・六％）を乗じて税額が決まる。インフレになれば物件によっては時価が上がり、その結果固定資産税評価額が上がることで税額も増えることとなるが、問題は「税率」が変更される可能性も考えられるということだ。

財政破綻によって国家の一大事となれば、財政再建のために国民負担が求められることになるだろう。その一環として、たとえば税率が二%、三%、あるいは臨時で一〇%課税するなどという措置も取られるかもしれない。国にとって好都合なのは、不動産への課税は「取りっぱぐれがなく」、物件を多数所有する「資産家に多く課税しやすい」という点だ。

なにしろ不動産は、「登記」によって情報がガラス張りになっている。また、株と違って簡単に売却できない。よって、当局にしてみれば確実にかつ正確に課税対象者を割り出し、徴収ができるのだ。また、莫大な資産を不動産で所有する資産家も多いため、資産家からより多くを徴収しやすい。

実際、二〇一〇年の「ギリシャ・ショック」で財政破綻したギリシャでは、財政再建策の一環として不動産からの税収増を狙った「不動産特別税」が導入された。物件の広さに応じて課税されるもので、その徴収方法も電気料金とセットで集められるというユニークなものだった。

ギリシャで預金封鎖が行なわれた二〇一五年七月、私は現地に特派員を送って取材を行なったが、首都アテネ郊外にある富裕層向けの住宅地では、豪華な大邸宅の多くが売りに出されていた。所有しているだけで毎月電気代と共に高額な税金が徴収されるのだから、たまったものではない。何とか売り抜けようとする人が続出したのだ。しかし、残念なことに「重税付き」の物件になど興味を示すもの好きなどいるわけがなく、多くの物件は買い手が付かないままの状態だった。

というわけで、不動産には様々なリスクがあることがおわかりいただけただろう。私は、総論として資産としての不動産を否定するつもりはない。有望な物件であれば大きな魅力があるし、様々な利用価値を見出せるため、まったく価値がなくなる心配もない。ただ、その物件が国家破産の有事まで見越して保有に値するのか、あるいは十分に保有し続けられる勝算があるのかは、よくよく吟味すべきである。

また、自身の居住用途で所有する住宅については、「資産」として見るのか生活のための「道具」として見るのかを、きちんと整理した方がよいだろう。資産としての側面を期待するなら、本当にその物件が資産性を持つのか、所有のコストとリターンが見合うのかをきちんと精査すべきだ。道具として見るのならば、あえて売却を検討する必要はない。可能な限り、長く使い続けることを考えるのが第一だろう。

5 金《きん》、銀、プラチナ

「金《きん》」「銀」「プラチナ」などの貴金属類は「実物資産」とも言われ、いつの時代も一定の資産価値を認められてきた。特に金《きん》は「有事の金《きん》」と呼ばれ、その言葉通り世界が動揺し経済が不安定になると需要が急増、価格は大きく跳ね上がり「資産の王様」としての魅力を大いに発揮してきた。

銀やプラチナも、金《きん》には劣るもののその希少性と資産性が注目され、実物資産の選択肢の一つとして現在も人気を集めている。これら実物資産の一番の魅力は、物質として劣化しにくく一定の価値が保持されること、手元に置いておきイザという時に持ち運んで避難できる安心感、などが挙げられるだろう。古くから続く資産家の中には、金《きん》の延べ棒を枕元におき毎日頬ずりをして安心感を得てから寝る、という変わった習慣を持つ人もいるという。

たしかに、現物資産の安心感は他の資産にはないものである。ただ、これも国家破産という事態に対応できるかと言えば、かなり微妙だ。金《きん》や銀は元々、通貨の材料として使われてきた歴史がある。したがって、通貨に準じる資産性の高い「モノ」という認識が政府当局の中でも確立している。よって、国家が有事の際には国民個人の金銀保有を禁じ、あるいは没収を行なうというリスクが厳然と存在するのだ。

現在の日本国憲法で言えば「財産権の侵害」にも当たるこうした措置が、国家破産という非常事態とはいえ政府が行なうものなのか、という疑問をお持ちの読者は多いだろう。しかしながら、私に言わせれば「国家とは、そういうもの」だ。実際、歴史を紐解き世界を見渡せば、そうした例がいくつもある。

最も有名なものの一つは、アメリカで一九三三年に実施された「大統領令六一〇二号」、いわゆる「金《きん》保有禁止令」だ。一九二九年の世界恐慌により、銀行が次々と破綻し、金融システムが危機的な状況におかれていたアメリカでは、国民から金《きん》を回収することで通貨発行の余地を確保すると共に、当時金本位制であった米ドルの価値安定も狙ったとされる。正確には、完全に没収されたのではなく市井より安いレートで換金させられたのだが、やられたアメリカ国民からすれば「国に盗《と》られた」も同然の話である。

財政状況が不安定な国では、似たような話がよく出てくる。一九九八年に「IMF危機」に見舞われた韓国では、金《きん》没収こそ行なわれなかったが「国家救済のため、国に金《きん》を供出しよう」という市民運動が起きた。裏を返せば、金《きん》がそれほどまでに重要な資産であり、破綻寸前の国家には必要だということだ。

これまた若干毛色《けいろ》は違うが、日本でも金銀の没収は行なわれている。太平洋戦争終戦後、GHQが進駐してくると全国の豪農や豪商など有力者の蔵を開けさせ、金銀を「接収《せっしゅう》」して行ったという記録が残っているのだ。

このように、国家の非常時に金《きん》や銀などの実物資産が没収されるリスクは確かにある。そして、現代日本においても政府がやろうと思えば、それは十分実施可能だろう。それは何も、GHQのように「職員が出向いて蔵を開けさせる」

までもない。過去の取引履歴を元に、個人に「供出を要請」すればよいのだ。

警察庁管轄の法律に、「犯罪による収益の移転防止に関する法律」というものがある。「犯罪収益移転防止法」あるいは略して「犯収法」とも呼ばれるこの法律では、危険薬物や武器などの密売など犯罪で得た収益が何らかの抜け道を通じて他に移転し（マネーロンダリング）、事業活動に用いられることを抑止するために定められた。内容としては、特定の事業者において顧客を特定する情報や取引記録の保管、犯罪収益の移転が疑われる取引を当局に届け出ることを義務付けたもので、金融機関、貸金業者、決済事業者、弁護士や税理士などの士業の他、金《きん》やプラチナの売買を行なう業者もその対象となっている。取引が少額の場合は記録を保管する義務がない他、記録の保管年限が七年間になっているなどの制限はあるが、原則として法律の対象となる「特定事業者」は法律施行後のすべての取引履歴を記録・保管していても何ら不思議はない。

この法律の施行は平成一九（二〇〇七）年一〇月となっているため、それ以降に業者を通じて金《きん》や銀、プラチナを買った人は基本的にその記録が何らかの形で業者に残っているということだ。もう少し突っ込んで言えば、たとえば貴金属地金には業者による通し番号の打刻と保証書の添付がなされており、つまりは業者が「紐付き」で品物の管理をしているということだ。こうした情報を元にして、政府の「非常事態宣言」を後ろ盾に当局が「貴金属所有のおたずね」をかけることは、現実的には十分可能なことなのだ。

もし大量の金《きん》・銀・プラチナを保有している方の場合は、確実に捕捉《ほそく》されることを覚悟した方がよいし、「なくした」「ゆずった」などの言い逃れも、まず通用しないと心得ておくべきだろう。

また、本当の有事に手元の貴金属を持って逃げることも、小量ならまだしもある程度まとまった量だと、とにかく重量がかさむため、まったく現実的ではない。また、たとえば飛行機で海外に避難しようにも、十中八九保安検査で引っかかることになる。さらに言うと、特に金《きん》においては、国家破産のドサクサの時に「役に立たない」可能性も大いにあるのだ。

私が一九九九年から二〇〇〇年にかけて二度にわたってロシアを取材した際

に聞かされたのだが、実際に「金《きん》が役に立たなかった」という話を現地の人々の口から直接聞いた時は、にわかには信じられなかった。私は通訳が何か間違えたのかと思い、何度も「混乱期に金《きん》が使えなかったのか？」と聞き直したが、「その通りだ」という一点張りだった。そして、次に取材をした際にもやはり同じ質問をしたのだが、その人たちも「金《きん》はダメだった」と、まったく同じ回答をしたのだ。

つまり、こういうことだ。財政破綻によって経済が大混乱に陥ると、それに乗じて価値の高まっている金《きん》の模造品が大量に出回るようになる。特に近年では、比重の近いタングステンなどを巧妙に混ぜ込んだ本物そっくりのものもあり、経験豊富なプロですら騙《だま》されることがあるという。したがって、真贋《しんがん》を見極めるには特殊な装置による計測・鑑定が必要になるのだ。そうした装置がない業者は、偽物を掴まされまいと取引を拒否するようになるし、物々交換で金《きん》を出そうものなら、なおさら断られるというわけだ。

政府による没収のリスク、持ち運びのしにくさ、イザという時の現金化の難しさなど、金《きん》などの実物資産には他の資産にはないリスクがいくつもある。貴金属ならではの特長もあり、また必ず政府に没収されるわけではないため、資産の一部であれば金《きん》・銀・プラチナなどを保有するのは悪くないが、くれぐれも一部に留めておくのが賢明だ。

〈対策編・上〉でも述べたが、金《きん》の代わり（代替品）に、質の高いダイヤモンドを全財産の一〇％程度保有するのは良い考えだ。デパートの三分の一の格安の値段で質の高いダイヤモンドを入手したい方は、一九五ページの第二海援隊「ダイヤモンド投資情報センター」へ。

6 暗号通貨（仮想通貨）

近年、「新たな資産」として最も注目を集めているのが、「ビットコイン」をはじめとした「暗号通貨」だ。「仮想通貨」と呼ばれることもある通り、通常の通貨のように特定の国が発行主体とはならず、また硬貨や紙幣のような実体を持たず、インターネット上で電子的に生成・流通する、まさにその名の通り

「仮想の通貨」だ。暗号化技術と「ブロックチェーン」と呼ばれる技術を用い、通貨取引の記録や処理をデータの改ざんや解読また通貨の偽造が技術的にほぼ不可能な形で行なうことで通貨の真正性を保証しており、通貨発行・流通量の調整もそれぞれの暗号通貨自体が定める独自のロジックに従って機械的に管理・運用されている。通貨とは呼ぶものの、実態としては「唯一無二のデジタルデータの塊」を所有するようなものだ。

暗号通貨の利点は、従来からある金融システムの壁を楽々と乗り越え、インターネットが接続するところならどこにでも通貨の移動が高速で行なえるという点だ。二〇〇八年に「ビットコイン」が初めてインターネットで実験的に流通して以降、世界各地で暗号通貨の取引所が設立され、黎明《れいめい》期には国をまたいだ出稼ぎ先からの仕送りに利用されたり、また一部の富裕層が海外への資金移動に利用したりといった形で注目を浴びた。また、テロ組織の資金調達やマネーロンダリングのルートに使われたとされる情報もあり、その利便性とは裏腹の危うさも浮き彫りとなった。

現在では、こうした国際的な金融犯罪やテロ組織への資金流入などを抑止するため、主要国においては取引業者への厳格な規制が布《し》かれつつある。また、ハッキングなどによって資産が流出する事件も起きたことから、取引所には相応の対策、対応体制を取ることが義務付けられている。

国家破産対策という観点では、暗号通貨の持つ「無国境性」「国家非依存」「秘匿性」という特徴は、非常に有用であった。あえて過去形としているのは、現在では各国での暗号通貨取り扱いに対する規制が相当に整備され、保有や移転が以前ほど自由ではなくなったためだ。

以前なら、たとえば日本に居ながらにして海外の暗号通貨取引所に自分名義の口座を設け、日本の取引所で買った暗号通貨を海外に送るといったことは容易であった（しかもその秘匿性から、第三者による捕捉《ほそく》も事実上不可能）。しかし、現在では多くの国で非居住者の口座開設はできなくなり、また海外への送金も厳格な記録・管理が行なわれるようになっている。

こうした国家による規制強化の動きは、ある意味で自然な流れだろう。国家が管理しきれないところで自由に資産移転ができ、しかもその流れを捕捉することができないとなれば、多額の資産を捕捉されたくない資産家層などには、まさに〝打って付けの道具〟になり得るためだ。

実際、暗号通貨が登場して以降、世界の富裕層たちは何か有事があれば暗号通貨を用いて資産逃避を図るようになった。二〇一三年の「キプロス・ショック」においても、多額の資産を預けていたロシアの富豪たちが、資産避難のために暗号通貨に殺到し、ビットコインをはじめとした主要通貨が一時急騰した。直近では、米シリコンバレー銀行の破綻によって、スタートアップ企業の経営者たちを中心に資金逃避の動きが急速に広がりビットコインが急騰する、という動きを見せている。

市場規模の急速な広がりも、各国政府が大きな注意を払う要因だ。二〇一五年には約五六億ドルと言われた世界の暗号通貨市場は、二〇一七年末には五六五一億ドル、二〇二一年には一兆七八二〇億ドルにまで膨れ上がった。さらに、二〇二七年までには、三二兆四〇〇〇億ドルにまで到達すると予想されている。

金《きん》の市場規模が推計五兆ドル足らずと言われるから、各国が動向を注視するのも無理からぬことなのだ。

日本の暗号通貨取引所は、現在では銀行や証券会社、FX業者に準じた厳しい監視・規制の下で営業を行なっている。これが意味するところは、「国家破産時も他の金融機関と同様の制限を受ける」ということだ。引き出し制限や口座の一時凍結、資産課税なども行なうことができるわけで、条件としては預金や株式などと大差なく、国家破産対策としての際立った有意性はなくなってきている。

7 その他の資産

この他に、たとえば「FX」や「クラウドファンディング」などで資産運用する手もあるわけだが、これらの業者は金融庁への登録が必要となっている。FX事業者であれば証券会社と同じ第一種金融商品取引業として、クラウドファンディング（特にソーシャルレンディングと言われる投資）であれば貸金業としての登録が必須であり、いずれも厳しい監視・規制の下で営業している。当然、国家破産の有事ともなれば銀行や証券会社と同様に資産の凍結をはじめとする制限がかけられる可能性は高い。ＦＸにしてもクラウドファンディングにしても、投資戦略や銘柄選定によって比較的高い利回りを期待できる面白さはある。よって、これらを利用して資産を殖やし、国家破産に対抗するという方法はあるかもしれない。ただ、根本的に資産防衛をするという点では、あまり役には立たないと考えておくべきだろう。

破産国家への取材でも「海外の活用」の重要性は明らかだった

そもそもの話として、国家は国民資産に対して強力な権力を持っている。およそお金がからむあらゆるところに、国家による規制や監視の網がかけられているのだ。そのことによって不正や犯罪を抑止し、健全な社会・経済の発展を支えるのが「国家の役目」であるから当然だ。

しかし、規制や監視には別の側面もある。この規制・監視の網が、国家破産の時には「国民資産の収奪」という形に転じるのだ。それは無慈悲に、そして時には暴力的な手段すら用いて冷徹に実行される。「有事に国家は暴力装置になる」とは、財務省出身のある財政学者の言葉だが、けだし名言というべきか、まさに国家破産によって「国家は暴力装置となる」のである。

それは、何も日本に限った話ではない。諸外国でも同様に国家権力のおよぶ限り規制や監視を行なっており、そして国家が破産すれば国民の大半が財産を失ってきたのだ。私は何ヵ国もの破綻国家を取材してきたが、その経験から断言できることは、国家破産で貧しくなるのは常に国民であるということだ。国家そのものは窮乏しない。ただ必要な資産を、国民から吸い上げるのみだ。

だが、この国家規模の経済災害にも関わらず、うまく難を逃れ平時と変わらないか、あるいはむしろ平時よりも豊かな生活を送る人たちが、少ないながらも確かにいる。私は破産国家の取材を通じて、そうした事例をいくつも見てきたが、彼らに共通する点こそがまさに「海外の活用」だったのだ。実例をいくつか見て行こう。

まずは、二〇一五年に預金封鎖を行なったギリシャでの取材だ。この時は自社の特派員を二名送り込んでの取材であったが、アテネ市街で出会ったニコラオス氏が「早く備えること」「海外を活用すること」の重要性を語ってくれた。その様子を拙著『ギリシャの次は日本だ！』（第二海援隊刊）から引用しよう。

金持ちは早々に国に見切りをつけ、海外に資産逃避を完了

次に私たち特派員が取材を試みたのは、比較的資産を持っている人たちだ。郊外の富裕層が住む街を訪れたが、あいにくインタビューできそうな人を捕まえることはできなかったため、そこからほど近いショッピング街を訪れた。そこでも相変わらずＡＴＭには列ができていたが、街行く人たちはどことなく品があり、身なりもしっかりとし

ていた。ここで運よく取材できたニコラオス氏（仮名）は、小さいながらも法人向けの自動車販売会社と弁護士事務所の二足のわらじを履く経営者で、小さい子供と奥さんとで休日を楽しんでいる様子だった。いわゆる「富裕層街の住人」ではないが、それなりにビジネスは堅調な様子で、服装や時計などもそれなりのものを身に着けていた。資産や会社を守るためにしていることを訊くと「特別なことはしていない」と言っていたが、欧州各国との取引があるため、会社を守る仕組みもそれなりに用意できているそうだ。

また仕事の関係から自身の資産も一部海外にあるため、今回の件でそれほど困ったことはないとのことであった。ただ、仲間内の同業者では、経営に行き詰まって倒産したという例は多いという。そして、私たちがもっとも関心がある「なぜ、ご自身は生き残りができているのか」について訊くと「早いうちに準備すること」と、非常にシンプルな回答が返ってきた。そして、ニコラオス氏の場合は、自然に行なっていた海外への資産分散が決め手だったのだ。ニコラオス氏は、ギリシャ経済が破滅的な状況になるだいぶ前から「この国はおかしなことになるから、早目に準備した方がいい」ということを周囲に言っていたそうだ。その当時の知人たちの反応は「なにをおかしなことを言うか」「それより人生を謳歌しないと損だ」というものがほとんどだったそうだ。しかし、今にして振り返れば、まさにその時備えたかどうかが今の生活に大きな差となっているという。

浅井は以前から繰り返し「海外を活用せよ」「早い者勝ち（早くから備えよ）」と書籍に書き、セミナーで訴えかけているが、これはまさにそれを地で行く話である。しかし、実はこれは世界の資産家にとってはなにも珍しい話ではない。特にヨーロッパの場合、隣国とは地続きで歴史的にも国が不安定な状態になることがよくあり、そういった中で多くの国民は生活が翻弄され続けた経験を持つ。したがって、国を盲信し大切な財産を一国内で管理することなど、資産家であればあるほど常識としてあり得ない話なのである。実際、ギリシャでも富裕層は早くから海外口座に資産を移動し、国外に別荘を持ち、いよいよギリシャ財政が危なくなると、残りの国内財産もいち早く資産逃避を行なった。

そして、ことここにきて富裕層においてパスポートの取得申請が急増しているという（二〇一五年七月一〇日付ウォールストリート・ジャーナル）。富裕層はもともと財産防衛に対する危機意識が高く、また独自の情報網や人脈を持っていることが多い。こうして、一般庶民が手をこまねいている間に、どんどん対策をしていくのだ。

さて「海外活用」「早期準備」という常識は、必ずしも資産家だけのものではない。頭ではわかっているものの、対策しそびれてしまう人たちも結構いるのだ。私たちがインタビューした中の何人かは、「もしお金があったら、自分だって海外に資産移転していただろう」と言っていた。「ドイツは（緊縮財政を強制して）私たちを苦しめているが、

「早く準備すること」「海外を活用すること」が重要とニコラオス氏
（第二海援隊特派員撮影　2015 年 ギリシャ）

自分の資産を預けるならドイツが安心」と冗談めかして話してくれたが、今となってみればその重要性を肌身に感じているのだろう。しかし残念ながら、彼らはおカネがある時にそのようなことをせず、結果として今に至っている。この、資産家と一般庶民のわかれ目は一体なにか。資産額がどれだけあったかではない。どれだけ早く真剣に国家破産対策に取り組んだかの違いなのだ。ニコラオス氏の取材を通じて、改めて財産防衛において「とにかく早く行動を開始すること」の重要性に気づかされる思いであった。

(『ギリシャの次は日本だ!』〈第二海援隊刊〉)

二〇一六年にアルゼンチンで行なった取材では、五〇年以上をアルゼンチンで過ごした移民一世のI氏に、国家破産による庶民生活の実情をお聞きすることができた。この方は移住後しばらくはジャングルの開墾、そして農牧業を営み、日系商社に長年勤務した後、取材時点では貿易会社を営んでいた。アルゼ

ンチン在住の日系人社会の地位確立・向上や、日本文化の普及に大きく貢献して外務大臣賞も受賞されており、なかなかパワフルな印象の方だった。

I氏のアルゼンチン国家破産にまつわる話は、かなり衝撃的かつ興味深いものが多かった。犯罪の多さもさることながら、その手口も日本ではちょっと想像がつかないようなものも多いという。さらに、トラブルに巻き込まれても警察を呼んではいけないという話（警察が金品を要求するため）、厳重なセキュリティをかけた自宅に〝特殊部隊〟が強盗にきた話、強盗に遭遇した時、命を取られないよう少額の金品を常に携帯し差し出せるようにしている話など、取材当時の日本では参考にならないような話も聞くことができた（最近の日本の治安情勢を鑑みると、多少は参考になるかもしれない）。

そのI氏も、財産を守るなら「国内に置いておくのは役に立たない」とハッキリ断言していた。度重なるデフォルト（債務不履行）で引き出し制限や資産移動の制限も断続的に行なわれており、なにより銀行が信用ならないという。銀行の貸金庫にすら盗難リスクがあるというのだから驚きだが、「貧すれば鈍す」近い将来、日本でもそうした時代が到来するものと心得ておくべきだろう。

結局、財産を守るために一番効き目があるのが「海外資産の保有」という結論だった。I氏も前述のニコラオス氏同様、商社から貿易会社経営と海外とのやり取りに縁の深い経歴であることが関係していると思われるが、やはり海外資産の有無が大きな差になっていることは肌身に染みていた様子だった。

これ以外にも、まだまだ例を挙げればきりがない。破綻直後のロシアに取材に行った際には、没落した地主が生活のために不動産を手放すという話がよく出たそうだ。そうした不動産の買い手は、国内資産やルーブルを持っていた人々ではなく、海外資産や米ドルを潤沢に持つ人々だった。ルーブル建てで言えばそれなりの価格でも、米ドル建てで見れば二束三文同然の値段で不動産を買い漁《あさ》った人々は、その後のロシアの経済復興の過程で資産を大きく殖やしたという。

そのロシアでも、やはり銀行は信用ならないところだったそうだ。特に印象的だったのは、「貸金庫はすべて開けられ、中身を没収された」という話だ。I

氏の話にも通じることだが、私たちの常識は破綻国家においてはまったく通用しない。いざ国家破産すれば、「銀行は信用しない」という彼らの常識こそが正解なのだ。

国家破産対策は「海外の活用」こそがカギを握る！

まとめよう。国家は国民の資産に対して極めて大きな権力を行使し得る。それは、健全な経済活動を支える目的で行なわれる規制や監視が、国家破産時には逆に国民資産を収奪する強力な武器になるためだ。

国内に置いてある資産、特に金融機関や業者に預けてある資産は、当局の「鶴の一声」で簡単に凍結され得るし、また資産課税の形で徴収することもできる。手元にある実物資産はすぐには差し押さえられたりしないが、これも様々な手を使ってあぶり出し、からめ捕ってくるため、資産の大半を実物資産にしておくことは危険だ。株式などは、経済への影響からさすがに極端な策に打って出ることはないだろうが、やはり国家権力の影響を免れないだろう。

結局のところ、国の権力の影響が直接およばない海外に資産を保有することが、国家破産対策の中核にならざるを得ないのだ。

私は講演会などで、国家破産対策をするなら「なるべく早く備えよ」「海外を活用せよ」と何度も何度も説明してきた。それは、奇《く》しくもギリシャで取材したニコラオス氏の言葉とまったく同じである。ニコラオス氏の言は、まさに国家破産の渦中にあってしっかりと生き延びた人の「生きた教訓」なわけだが、しかし残念なことに大多数の日本人はこうした教訓を知らないし、知ったとしても生かそうとしない。実に、もったいないことである。

ここまで読み進めた読者の皆さんでも、大半の方は「日本はそこまでひどいことにはならないのでは?」「国が財産を収奪するわけがない」と思っていらっしゃることだろう。しかし、「まさか、日本が」という思いが浮かぶのであれば、断言するがそれは油断である。過去に破綻したどの国でも、「まさか、この国が」が国民の常とう句だった。日本も国家破産すれば、例外なく過酷な道が待っている。

また、海外の活用が重要であることは理解しても、「海外の対策なんて難しい」「日本の方が安全では」「海外に財産を置くのは怖い」といった不安を抱える読者の方もいらっしゃるかもしれない。ただ、こうした発想はおそらく日本人にかなり強い「ホームバイアス」があるからで、言ってしまえば「単なる思い込み」である。実際に取り組んでみれば思うほどには難しくもないし、危険でもないことがわかるだろう。それよりむしろ、無為無策で日本国内に全財産を置いておく方が、はるかに危険極まりない。

ぜひ決意を固めて、次章からの〈応用編〉をしっかり読み込み、対策を具体的に実行に移していただきたい。

第二章　対策——応用編〈その1〉

人生はどちらかです。勇気をもって挑むか、棒にふるか。

（ヘレン・ケラー）

国家破産対策の最重要ポイント

これまで述べてきたように、国家破産対策の手段の中には、国内でできるものもいくつかあるが、かと言って国内の手段のみで財産を守ることは難しい。

国家が破産すると、その政府および中央銀行の信用が失われ、それらが発行する「ペーパー資産」の価値が暴落する。日本の場合なら、政府が発行する「日本国債」と、日銀が発行する「日本銀行券」だ。つまり、日本が破産すると日本国債と日本円が暴落することになる。

その結果、金利が上昇しインフレが進行する。特に「ハイパーインフレ」と呼ばれるような極度のインフレが起きた場合、ほとんどの国民に大打撃を与える。物価が極端に上昇すれば、給料や年金支給額も少なからず増加するだろう。しかし、その増加ペースが物価上昇に追い付くことはまず考えられない。仮に、物価が一年で二倍、つまり一〇〇％上昇したとすると、給料や年金は九〇％増額されるというイメージだ。収入が九割も増えても、物価がそれ以上に上がればば生活は当然、苦しくなる。

極度のインフレ、つまりハイパーインフレは別の言い方をすれば「通貨価値の極度の下落」である。つまり、日本におけるハイパーインフレは日本円の暴落に他ならない。

その対策手段は、シンプルだ。資産を「外貨建て」で保有すればよい。日本円が暴落するのなら、日本円ではなく他の国の通貨を持てばよいということだ。資産を外貨建てで保有することが、国家破産対策の基本になる。ただし、本当に有効な国家破産対策を考えた場合、資産を外貨建てにするだけでは不十分だ。国内の金融機関はその国の管理下にあるから、国家破産などの有事の際には平時にはあり得ないような規制がかけられることがある。

その代表的なものが、「預金封鎖」だ。ある日突然、預金が自由に引き出せなくなり、国民一人ひとりの預金に財産税がかけられる。外貨預金の場合は、封鎖されている間にハイパーインフレの進行により通貨価値が失われる心配はないと思うかもしれない。残念ながら、そう単純な話ではない。国家破産したアルゼンチンでは、ドル建ての預金を引き出す際、強制的にペソに替えさせるという、信じがたい出来事が実際に起きている。当時の大統領は「預金時点での価値は守りたい。だが、米ドル札は底を突いており無理だ」と釈明した。無理もない。当時、アルゼンチンでは国内にある銀行の総預金残高の実に七〇％がドル建てになっていたのだ。誰もがペソを避けドルを求めるため、ドルを準備することができなくなってしまったわけだ。

国が破産すると、「国家による実質的な国民資産収奪」が様々な形で行なわれる。このようなリスクを考えると、預金などの金融資産を国内の金融機関で保有することは、国家破産時にはかなりリスクの高い行為になる。

そこで有効な対策になるのが、「資産を海外で保有すること」だ。お金自体が海外にあれば、日本のカントリーリスクからは回避される。たとえば、「海外にある銀行に預金」しておけば、基本的に自国の政府による法規制はおよばない。日本国政府は、日本国内の銀行に対して預金封鎖を命じることはできても他国にある銀行預金を封鎖することなど、まずあり得ない。同様に、「海外ファンド」のように海外で販売され海外に保有する金融商品についても、日本国政府がその資産に手をかけることなどまずできない。

このように、海外銀行口座を開設し預金したり、海外ファンドを購入したりすることは、非常に有効な国家破産対策になると考えられるのだ。特に最近では海外投資を取り巻く環境は激しく変化しているが、現時点で有効と考えられる海外口座や海外ファンドの情報をお伝えして行こう。

国家破産対策に必須の海外口座

海外口座も海外ファンドも、「外貨建ての資産を海外で保有できる」という点では同じ意味合いだ。銀行に海外口座を開く場合、資金の運用は基本的に預金が中心になる。後述するが、海外ファンドの中には預金では考えられないような非常に高いリターンを上げてきたものがいくつもある。収益期待の面では、海外口座つまり預金よりも海外ファンドの方が魅力がある。

海外ファンドに比べると、海外口座は地味な存在だ。リスクを負っても高いリターンを求める人には物足りないかもしれない。しかし、ある程度の資産を保有しているなら、海外口座は必須だ。最大のメリットは、海外に銀行口座を持つことによって危機回避のための選択肢が増えることだ。

国が破産すると、その国では資本規制が行なわれることが多い。預金の引き出しや海外送金に制限がかかるわけだ。すると、まとまった金額の海外送金は一切できなくなる。海外ファンドへの送金も、まずできなくなるだろう。海外ファンドなど海外の資産を購入しようにも、購入資金を送金できなければお手上げだ。そのような状況下でも、海外口座を保有していてあらかじめある程度まとまった金額を口座に入金しておけば、国内に居ながら現地の銀行にファンドへの送金依頼をすることができる。

日本からの海外送金に規制がかかったとしても、海外ファンドなどの海外資産の購入が可能になる。すでに現在、マネーロンダリング防止のため国内の銀行では海外送金手続きの際のチェックがかなり厳しくなっており、送金を断られるケースも増えている。今のところはまだ海外送金は可能だが、国家破産に至る前に海外送金が困難になる事態もあり得なくはない。

海外ファンドの購入時だけでなく、保有する海外ファンドを解約する際にも海外口座は有効だ。通常、海外ファンドの解約金は名義人の銀行口座に送金される。もちろん、日本国内の銀行口座にも送金してもらえる。平時はそれでまったく問題ないが、国家破産を想定するとやや不安が残る。国家破産対策のために、せっかく海外に出した資金を国内に戻すことになるからだ。ファンドの解約金を受け取ろうという時に、もしも日本が国家破産による混乱の最中にあり預金封鎖が行なわれていたら、わざわざ危険な日本の銀行口座への送金を望む人はいないだろう。ファンドから解約金が着金したのはよいが、預金封鎖で資金を引き出せなければまったく意味がない。

また、最近では、デビットカードを発行する海外銀行が増えている。一枚のカードに、キャッシュカードとデビットカードの機能が組み込まれているものだ。このデビットカードが、国家破産時に非常に役立つ可能性がある。デビットカードには、ビザやマスターカードなどのクレジットカードの国際ブランドが付いていて、加盟店なら日本も含め世界中どこでも使うことができる。買い物の際、デビットカードで支払うと預金口座から即時決済される。キャッシュカード機能についても、国際的なＡＴＭネットワークに組み込まれているから、やはり日本国内のＡＴＭから海外口座の預金を引き出すことができる。

国家破産時に預金封鎖が実施された場合でも、海外銀行が発行するデビットカードは使える可能性が高い。国家破産時には国内の資金、特に外貨が不足する。外国人観光客などが日本国内に落とす外貨は、貴重になるはずだ。そのため、外国人が持つデビットカード（クレジットカード）やキャッシュカードの利用が制限されることは考えにくい。海外発行のデビットカードがあれば、預金封鎖時にも比較的自由に買い物や現金引き出しができる可能性が高いというわけだ。

このように、海外口座は口座の保有自体が国家破産対策に有効であるだけでなく、海外ファンド購入時の送金や解約時の資金受け取り、さらにはデビットカードによる買い物や現金の引き出しなど、極めて有効な国家破産対策になり得ると言ってよい。

しかし、多くの日本人にとって海外口座の利用はなじみがないものだ。口座開設に伴う条件などもあり、ハードルは決して低くはない。非居住者の口座開設が認められていなかったり、高額の最低預け入れ額が求められる銀行もある。世界には多くの銀行が存在するが、その中で日本に住む日本人にとって本当の意味で役に立つ海外口座となると、ごくわずかしかないのが現実だ。

口座開設に当たり、おそらく多くの日本人にとって最も高いハードルとなるのは語学力だろう。あなたが英語がペラペラで、基本的な金融用語も理解しているなら問題ない。日本語対応がなくても、英語でやり取りできる銀行は世界にたくさんある。ただし、よほど自信があるのなら止めはしないが、日常の英会話には不自由しないという人でも日本語対応のある銀行が望ましい。

日本の銀行と海外の銀行では、文化も違うしシステムも違う。私たち日本人の常識が通用せず、時にはトラブルになることもある。そのようなトラブルが発生した時には、電話などでやり取りし、解決を図らなければならない。それを英語で行なう自信がないのなら、必ず日本語対応のある銀行を選ぶべきだ。

口座開設後の使い勝手の良し悪しも重要なポイントだ。国内外を問わず一般に銀行というものは、いわゆるネット銀行を除き直接銀行の店舗に出向かなければ受けられないサービスが少なくない。海外口座において特に重要なのが、送金依頼などの手続きが日本国内から可能かどうかだ。これができないと、海外口座の利便性は著しく低下する。これを確認せずに口座を開設してしまうと、いざ海外ファンドや自分名義の他行の銀行口座への送金を依頼しても、「かしこまりました。では、こちらの支店にいらして下さい」などと、当然のようにさらりと言われてしまう可能性があるのだ。

いまや、来店を前提とする旧来型の銀行でもネットバンキングが用意されている。それは、海外の銀行でも同じことだ。「口座開設の際にネットバンキングさえ設定すれば、送金依頼はもちろんほとんどの手続きができる」と思われるかもしれないが、ここにも思わぬ落とし穴がある。海外口座では、非居住者はネットバンキングが利用できなかったり、利用できるサービスが限定されていることも珍しくない。ネットバンキングで送金できるとは限らないのだ。あるいは、現地居住者と同じ充実したネットバンキング機能が利用できるものの、それがゆえにすべての手続きをネット上で行なうことを求める銀行もある。日本語対応のある銀行でも、ネットバンキングの対応言語はほとんどが英語だ。

このように、海外口座を作る際には使い勝手が良く、自分に合ったサービスが受けられる銀行を選ぶことが非常に大切になるのだ。今は、インターネットという便利な道具があるから、日本語対応のある使い勝手の良い海外銀行を自分で探すのも不可能ではない。ネットの情報には口座開設の体験談など、参考になるものも多い。しかし、ネットに掲載されている海外口座の情報には古いものも多いし、そもそも情報に誤りがあることも珍しくない。ネットの情報を鵜呑みにして海外口座を開くのは、かなり危険な行為と言える。

現在、先進国のほとんどの銀行では、日本国内から郵送やネット上で口座開設することはできない。必ず、自ら現地の銀行に行く必要がある。しかし、銀行にもよるが、海外の銀行の口座開設自体はそれほど難しいものではない。むしろ、開設した口座を維持・管理して行く方がはるかに重要だ。先に述べたように、日本と海外の銀行では、文化もシステムも違う。その辺りをきちんと理解しておかないと、後々とんでもないトラブルに巻き込まれかねない。

たとえば、海外の多くの銀行では、利用されずに放置された口座への対応が日本の銀行に比べて格段に厳しい。日本の銀行では、一〇年間利用がないと休眠口座とされるが、海外の銀行の場合、たいていは一年か二年、利用しないと休眠口座になる。休眠口座になると、口座管理料が発生したり、休眠状態を解除するのに手続きを求める銀行が多い。休眠状態を何年も続けると、最終的には口座内の預金が国庫に移管されることもある。そうなるとかなり厄介で、預金を取り戻すには相当な手間とコストを覚悟しなければならない。

これはあくまでも一例だが、海外口座にはこのような日本の銀行では考えられないような注意点がいくつもある。それらのポイントを押さえておかないと、取り返しのつかないことになりかねないのだ。安易な海外口座開設は絶対にやめた方がよい。やはり、海外口座の情報を豊富に持ち、信頼できる専門家のサポートを受けながら、海外口座を開設するのが安心だ。

このように、利用する海外口座を選ぶ際には、日本語対応の有無や使い勝手の良し悪しが重要なポイントになるわけだが、実はそれ以上に重要なのはその銀行、その国が安全かどうかである。いくら日本語対応が充実していて便利な銀行でも、破綻するような国や銀行に預けても意味がない。海外に口座を作るということは、日本のカントリーリスクから逃れる代わりに現地のカントリーリスクを取ることにもなるのだ。

海外だから絶対に安全、という単純なものではない。海外口座の選択に当たっては、銀行の健全性が高く、銀行が所在する国自体に十分な信用力があることが大前提だ。このような条件を満たす海外の銀行はそう多くはない。私がお勧めするのがニュージーランド、シンガポール、ハワイにある銀行だ。これらの国にある一部の銀行では、日本語の対応があり現地に行けば比較的簡単に口座を開くことができる。もちろん、いずれの銀行もデビットカードを発行してくれる。では、さっそくこれらの銀行の情報を見て行こう。

定期預金金利が五％を超える「ニュージーランドの銀行口座」

ニュージーランドの銀行の一番の魅力は、預金金利の高さだ。かつては高金利通貨で知られたニュージーランドドルだが、最近では世界的な金融危機やコロナ禍の景気低迷などの影響で、ニュージーランドドルについても金利は低下傾向だ。それでもニュージーランドのある銀行では、一年満期の定期預金金利が五・五〇％になっている。コロナ後の経済再開やロシアによるウクライナ侵攻などにより世界的にインフレが加速したため、ニュージーランドも利上げを進めており預金金利も上がっているのだ。

ちなみに、日本国内でもニュージーランドドル預金はできるが、これほど高い金利を得るのはまず難しい。たとえば、三井住友銀行のニュージーランドドル建ての定期預金（一年満期）の金利は、わずか〇・〇一％となっている（いずれも二〇二三年三月現在）。いかに現地の銀行預金が有利であるかがわかるだろう。

一般に、金利が高いと預金の安全性が心配になるが、この銀行の安全性は非常に高い。銀行の安全性を見るのに最も簡単な方法は、格付けを確認することだ。格付けはＡＡＡ（トリプルエー）が最上位だが、ＡＡＡを取得する民間銀行は世界中を見渡してもほとんどない。民間金融機関では、ＡＡ（ダブルエー）が事実上の最上位格付けと言える。

ちなみに日本の大手メガバンクの格付けは、ワンランク落ちのＡ（シングルエー）クラスだ。そして、大手格付け会社Ｓ＆Ｐ社が付与するこの銀行の格付けは、ＡＡ（ダブルエー）マイナスであり、財務の健全性は非常に高い。

ニュージーランドには預金保険制度はないが、制度の導入は計画されている。預金保証額は、一〇万ニュージーランドドル（約八〇〇万円）に設定される見通しだ。預金保険制度が導入されれば、ニュージーランドの銀行口座の安全性はさらに高まることになる。

私が最もお勧めする海外口座は、ニュージーランドだ。それは単に銀行の預金金利が高いからというだけではない。実は、ニュージーランドには他の国にはない利点があるのだ。南半球にある絶海の孤島という地理的条件もあり、変化にとんだ豊かな自然に恵まれ、大気汚染もほとんどなく、核戦争やテロなどの地政学リスクに対する安全性も高い。

仮に、世界が第三次世界大戦や大規模な核戦争などにより滅亡しかねない状況になった場合、最後に残るのはニュージーランドだろう。ニュージーランドの銀行口座を利用することは、様々なリスクからあなたの資産を守るのに最善の方法と言えるのだ。

しかし、二〇二三年より残念ながら日本居住者の口座開設はできなくなってしまった。私は二〇年以上前からニュージーランドの口座開設を勧めてきたから、読者の中にはすでに口座を保有している人もいるだろう。その人たちは、本当にラッキーだ。最近は、マネーロンダリング（資金洗浄）に対する規制が世界的に強化されており、非居住者の口座開設はどんどん難しくなっている。何事においても言えるが、世の中というのは基本的に〝早い者勝ち〟なのだ。

だが、まだ何とか間に合う銀行もある。ニュージーランドでの口座開設はできなくなったが、シンガポールとハワイの銀行の口座開設の道はまだ残されている。ただし、それもあくまでも本書を執筆している二〇二三年三月時点の話だ。今後、シンガポールとハワイについても、日本人による口座開設ができなくなる可能性はゼロとは言えない。口座開設を検討している方は、早めに動かれることをお勧めする。

様々な金融商品にアクセスできる「シンガポールの銀行口座」

金融立国と呼ばれるだけあり、シンガポールには投資できる金融商品が充実している銀行が存在する。それらの銀行の中にも、日本人が利用しやすい銀行がある。預入額が二〇万米ドル（約二六〇〇万円）相当額以上と、ややハードルが高いが複数の日本人スタッフが在籍しており、日本語対応が非常に充実している。この銀行に口座を開設すると、それぞれの顧客に日本語対応可能な担当者が付く。シンガポールと日本との時差はわずか一時間だから、銀行と連絡を取るのも便利だ。

預金できる通貨建ての種類も豊富で、米ドル、ユーロ、日本円をはじめ、主要先進国の通貨はほぼすべて揃っているから、口座内でも容易に通貨分散が可能だ。また、預金以外でも様々な金融商品の選択肢が豊富なのもメリットだ。この銀行では、株式や債券、投資信託、さらにはヘッジファンドまで、世界の様々な金融商品を扱っており、幅広い資産運用が可能だ。中には日本の金融機関では取り扱いがない魅力的な金融商品もあり、利用価値が高い。

もちろん、この銀行の健全性も高いが、シンガポールには預金保険制度もあるからなお安心だ。万が一銀行が破綻した場合も、預金は一人当たり七万五〇〇〇シンガポールドル（約七五〇〇万円）まで支払いが保証される。

ちなみに、預金保険というのはほとんどの国でその国の通貨建てのみの預金が保証の対象とされ、外貨預金は対象外になる点は注意が必要だ。たとえば、日本の預金保険は一〇〇〇万円とその利息が保証の対象であり、米ドル預金や豪ドル預金など、外貨預金は保証の対象外だ。それと同様に、シンガポールの預金保険も対象になるのはシンガポールドル建ての預金のみであり、シンガポールドル以外の通貨建ての預金は預金保険の対象外だ。

日本人に人気の旅行先にある「ハワイの銀行口座」

ハワイにも日本人にとって使い勝手が良く、利用価値の高い銀行がある。ハワイにはお勧めする銀行が二行あるが、いずれも複数の日本人スタッフが在籍し、日本語対応が非常に充実している。預入額も一行は一〇万米ドル（約一三〇〇万円）以上必要だが、もう一行は数百米ドル（数万円）程度の少額から口座が開設できる。

非居住者の場合、外貨預金の取り扱いはなく、利用できる通貨は米ドルのみとなるのはデメリットだ。しかし、ハワイの銀行口座にはそのデメリットをはるかに上回るメリットがある。その一つが強力な預金保険だ。保証額は、なんと一人につき二五万米ドル（約三二五〇万円）と、世界で最も充実している。さすが世界一の経済大国・アメリカだ。日本と異なり、海外の銀行では共同名義口座を作れることが多い。ハワイの銀行に家族など二人で共同名義口座を作れば、万が一銀行が破綻したとしても五〇万米ドル（約六五〇〇万円）までの保証が得られる。二行とも財務の健全性は高く、米格付け会社ムーディーズ社が付与する格付けはいずれもＡａ３と、ダブルＡクラスだ。健全性が高い上に、世界で最も充実した預金保険が世界で最も利用価値の高い米ドルの預金に付くわけで、預金の安全面ではまさに〝鬼に金棒〟と言える。

ちなみに、ハワイの銀行口座では米ドル預金しかできないが、ハワイの銀行の関連子会社にも口座を開けば、株式や債券など様々な金融商品に投資することも可能だ。

二〇一七年より、ＯＥＣＤ（経済協力開発機構）主導で導入された「ＣＲＳ」

（共通報告基準）という仕組みについても、ハワイの銀行にはメリットがある。

CRSとは金融口座の自動情報交換の仕組みで、世界の多くの国（先進国についてはほとんどの国）が参加している。たとえば、シンガポールに銀行口座を持つ日本人の口座情報は、シンガポールの税務当局を通じて日本の税務当局に通知される。逆に、日本に銀行口座を持つシンガポール人の口座情報も、日本の税務当局を通じてシンガポールの税務当局に通知される。このような情報交換が一年に一度、毎年自動的に行なわれるのだ。

実は、このCRSにアメリカは参加していない。そのため、当然ハワイもCRSの対象外だ。CRSは脱税防止が主な目的だから、確定申告によりきちんと納税さえすればCRSの対象であっても何の問題もないし、恐れる必要もない。ただ、CRSの導入により口座名義人の本人確認が厳格化されており、時々「自己申請書」などの英文フォームが送られてきて、記入して返送することが求められる。比較的簡単な書類ではあるが、慣れない英文書類に対応する煩わしさがないのはありがたいことだ。

そもそも、利息や為替差益などの所得が生じたら確定申告するのは当然としても、それ以外で赤の他人に自分の資産状況を知られることを好む人はあまりいないだろう。その点でも、ＣＲＳの対象にならないハワイの銀行口座のメリットは大きいと言える。

国家破産対策には〝攻め〟も必要

ここまでお読みいただき、国家破産対策としての海外口座の有効性がおわかりいただけたと思う。ただし、海外口座はやはり預金が基本になるため、期待できるリターンはせいぜい年率数％程度だ。国家破産対策において、海外口座はいわば〝守り〟の運用だ。「日本のゼロ金利を考えれば、年に数％程度でも十分」と考える人も少なくないだろう。

しかし、そのような欲のない控えめな考え方は、国家破産のような非常時には仇《あだ》となる可能性が高い。国家破産対策には、リターンを貪欲に求める〝攻め〟

の運用も必要になるのだ。

なぜか？　外貨建て資産を海外に保有することで資産価値を維持できたとしても、日本居住者である以上、納税義務からは逃れられないからだ。平時であれば、「税金、高いなあ」とぼやく程度のことかもしれない。しかし、国家破産のような有事はそんな甘いものではすむはずがない。なにしろ、国の財政が破綻しているわけだから、税金は当然上がるし「取れるところから徹底的に取る」ということにならざるを得ない。

ある程度の資産を持つ人が最も恐れることになるのが、「財産税」だ。文字通り財産を保有していることに対する課税、つまり財産を保有しているだけでかけられる税金だ。固定資産税や自動車税なども財産税の一種だが、有事の財産税はそんなものとは比較にならない過酷なものだ。

日本には前例がある。財政が破綻した敗戦直後、一九四六年に行なわれている。資産の額が多いほど税率が上がる超過累進課税が採られ、一五〇〇〇万円を超える資産に対しては九〇％という極めて高率の財産税が課せられた。

ただし、当時の一五〇〇〇万円は現在の六〇億円くらいに相当する大金だから、ごく一部の超富裕層を除けば、税率は極端に高いものではない。一〇万円（現在の四〇〇〇万円程度）超の資産が課税対象となり、その最低税率は二五％だ。仮に、資産額が二億円（当時の五〇万円）だとすると、資産額全体に対する税率は四三・二％となる。九割方持って行かれるわけではないものの、資産は半分近くに減ってしまう。

しかし、税金で資産が半分になったとしても、たとえば元の資産を倍増させることができれば資産価値を維持することはできる。海外口座（預金）のような〝守り〟の運用だけでは、資産価値を維持することは難しい。

そこで求められるのが、〝攻め〟の運用だ。たとえば、年率一〇％で運用できれば、資産は約七年で二倍になる。年率一五％なら約五年で二倍だ。もちろん、このような運用成果を出すのは簡単なことではないが、海外ファンドにはその可能性がある。海外ファンドには、様々なタイプのものがある。これらの異なるタイプのファンドをうまく組み合わせれば、守りを固めながら資産を殖やすことは十分可能になる。そのような海外ファンドをいくつか取り上げてみよう。

「ＱＥファンド」

「ＱＥファンド」はいわゆるヘッジファンドで、世界各国の株式、債券、商品、通貨など様々なものを投資対象とする「グローバル・マクロ」という戦略で運用される。一般的に、グローバル・マクロを含め多くのヘッジファンド戦略では、先物などを用いて買い建ても売り建ても行なうが、「ＱＥファンド」の場合、売り建ては行なわず買い建てのみで運用される。買い建てのみだから、下落相場では確実に損失を出す。別の言い方をするなら、「ＱＥファンド」はインフレを前提にしているわけだ。

売り建ても行なえば下落相場で利益を上げることができるのに、なぜ買い建てに特化するのか？　実は、市場というものは長期的に見ると、株式をはじめ多くのものが値上がりしている。世界のＧＤＰ成長率の推移を見ればわかるが、

「QEファンド」のチャートと直近3年の成績

■「QEファンド」チャート

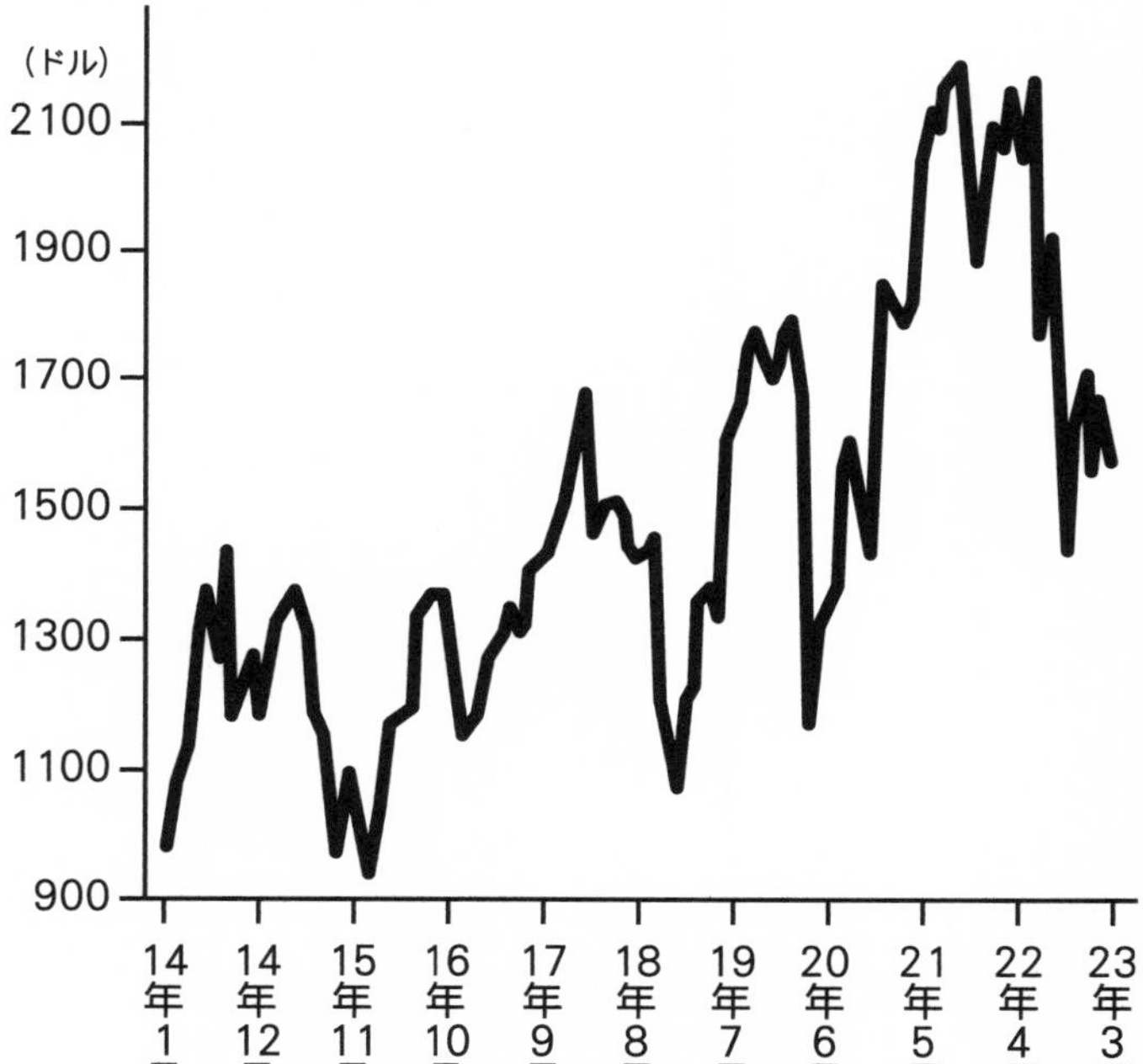

■「QEファンド」直近3年の成績

(単位：%)

	1月	2月	3月	4月	5月	6月	7月	8月	9月	10月	11月	12月	年初来
2020年	0.81	−6.76	−28.98	7.20	5.19	3.89	13.45	1.21	−2.51	−6.43	14.63	10.45	3.76
2021年	−0.61	−1.66	1.56	10.83	5.01	−1.71	3.25	1.52	−2.76	−4.42	−6.74	10.17	13.64
2022年	−0.79	−0.24	3.49	−3.83	4.56	−16.97	6.60	−5.38	−19.57	10.91	5.35	−7.17	−24.75

大部分の年でプラスになっている。

つまり、長期的には世界のＧＤＰは増加を続けており、それに比例して物価も上昇している。世界恐慌やリーマン・ショック、コロナショックといった危機は、なにしろインパクトが大きいから暴落やデフレ（ディス・インフレ）の方が強く印象に残りやすいが、資本主義社会は基本的にインフレの歴史であり、デフレが例外だということだ。ちょうど、飛行機の墜落事故は極めてインパクトが大きいが、事故の確率という点で飛行機は非常に安全な乗り物と言えることと似ている。

というわけで、インフレを前提として買い建てに特化する「ＱＥファンド」の戦略は合理的とも言えるわけだ。

このような性質上、「ＱＥファンド」は株式市場が暴落するような危機には非常に弱い。最近でも、コロナショックが発生した二〇二〇年二月から三月にかけての二ヵ月間で三三・八％も下落している。しかし、その後は株式市場の回復に歩調を合わせるように、同年四月から一二月までの九ヵ月間で約五五・

五％上昇し、同年末には早々とコロナショック前の高値を更新した。

このように、「ＱＥファンド」は株式市場が暴落するような危機には弱く大きく下落するものの、ほどなくして力強く回復し順調に収益を上げてきた。二〇一四年一月に運用が始まり、二〇二三年二月末時点で五八・三％上昇している。比較的値動きが大きいファンドのため、自身の資産規模に照らして過大な投資は避けるべきだが、収益期待の高い魅力的なファンドだ。「ＱＥファンド」には、一〇万米ドル（約一三〇〇万円）から投資できる。

「ＡＴファンド」

「ＡＴファンド」は、値動きが非常に安定しているファンドだ。実は、これまで一度も下落したことがない。「ＡＴファンド」の運用成績は月ごとに算出されるが、二〇一四年八月の運用開始以来、なんと九年近くもの間、毎月毎月、常にプラスの成績を維持し続けているのだ。

このような運用成績は、ヘッジファンドも含め市場で売買する一般的な運用ではあり得ない。その時の市場環境がファンドにとってうまい具合に追い風になれば、半年や一年くらいなら連戦連勝もあり得なくはないだろう。しかし、市場環境というものはめまぐるしく変化するのが普通で、株式や債券などの市場で売買を行なう以上、損失を出す場面は必ず訪れる。五年も一〇年も連戦連勝などというファンドがあれば、まず詐欺を疑った方が賢明だ。

では、「ATファンド」は詐欺ファンドなのか？　もちろん違う。真っ当なファンドだ。なぜ、これほど長期にわたり勝ち続けることができるかというと、一般的な株式や債券などの市場で売買を行なうファンドではないからだ。

「ATファンド」は、主に個人や企業などへの融資を中心に運用するファンドだ。融資だから金利が付き、返済期日がくれば資金は返済される。期日までに金利が上乗せされて、資金が戻ってくれば必ず収益が上がる。その結果、ファンドの運用成績も常にプラスになるというわけだ。

融資したお金が回収できなければ、損失となる。貸し倒れが増えれば、ファ

「ATファンド」のチャートと直近3年の成績

■「ATファンド」チャート

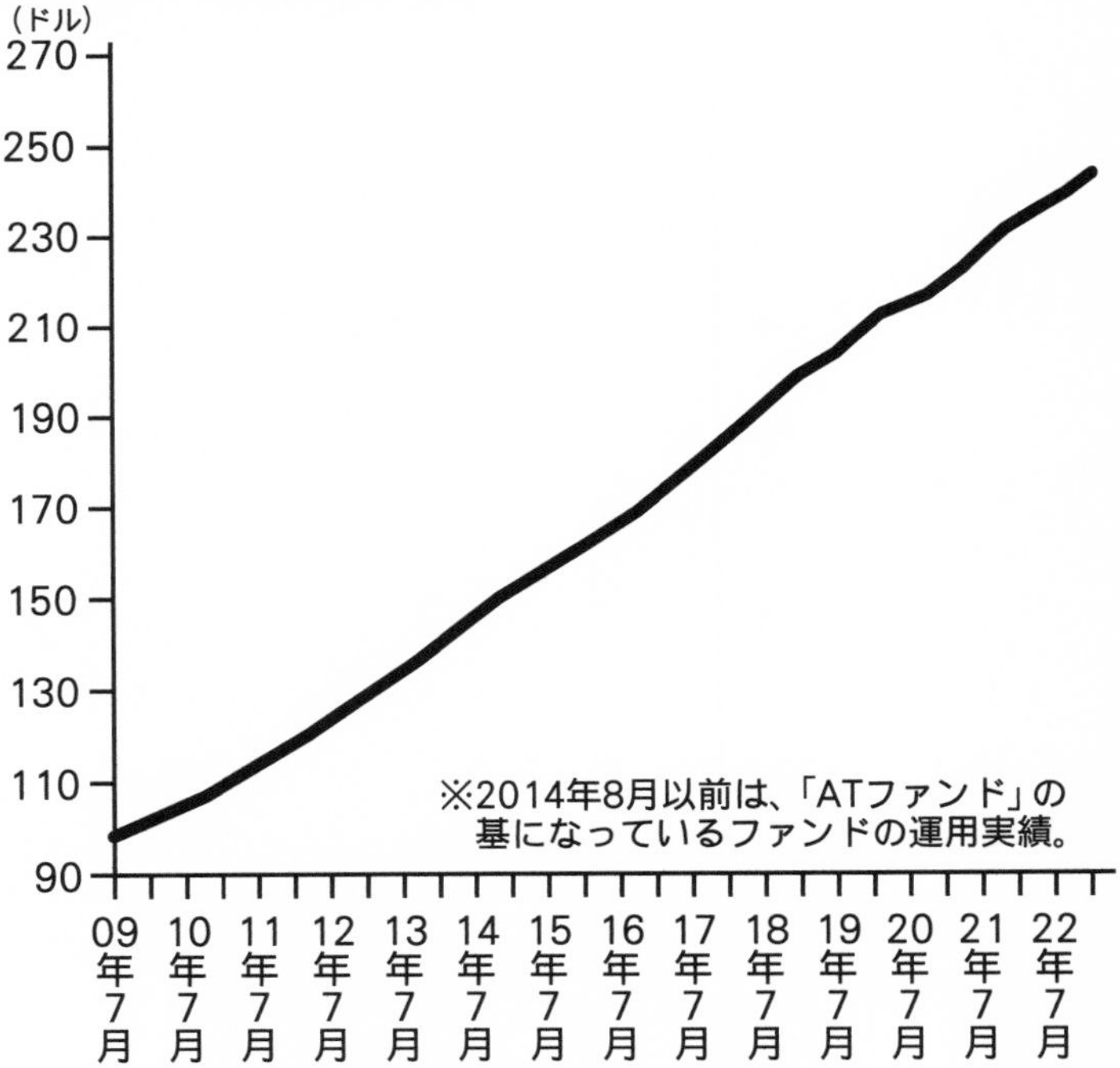

■「ATファンド」直近3年の成績

(単位：%)

	1月	2月	3月	4月	5月	6月	7月	8月	9月	10月	11月	12月	年初来
2020年	0.40	0.34	0.36	0.23	0.28	0.35	0.31	0.37	0.31	0.32	0.33	0.68	4.36
2021年	0.44	0.50	0.30	0.70	0.72	0.55	0.49	0.20	0.33	0.54	0.24	0.37	5.53
2022年	0.26	0.41	0.50	0.22	0.17	0.43	0.40	0.38	0.37	0.41	0.40	0.28	4.29

ンドの成績がマイナスになることもあり得るわけだ。そこで与信管理が重要になるわけだが、「ATファンド」の場合、与信審査にビッグデータを活用するなどして適切な与信管理に努めている。融資の場合、設定される金利は融資先の信用力に左右される。融資先の信用力が高ければ貸し倒れのリスクは低く安心だが、得られる金利は低くなる。逆に、融資先の信用力が低ければ得られる金利は高くなるが、貸し倒れのリスクも高くなる。融資ビジネスにはこのようなジレンマがあるが、「ATファンド」は「LIBOR」と呼ばれる世界の指標となる金利に四％上乗せしたリターンを目標に運用され、実際には毎年五〜六％程度のリターンを上げ続けている。

「ATファンド」は、元々はアフリカのマイクロファイナンス（個人向けの小口融資）のみで運用されていたが、現在はマイクロファイナンスだけでなく、不動産関連の融資や農業従事者向けの融資、貿易におけるつなぎ融資など、様々な融資を手がける。対象地域もイギリス、ヨーロッパ、オーストラリア、アメリカ、中国など幅広い地域に拡大し、リスク分散を図りつつ、安定的かつ高いリターンの維持に努めている。「ＡＴファンド」には、二万五〇〇〇米ドル（約三二五万円）から投資可能だ。

「Ｔファンド」

「Ｔファンド」は、「マネージド・フューチャーズ戦略（ＭＦ戦略）」で運用されるファンドだ。これはヘッジファンドの運用戦略の一つで、株、債券、通貨、商品、金利などの様々な先物を投資対象として利益を上げることを目指す。

先物で運用するため上昇相場では買い建てで、下落相場では売り建てで利益を上げることが可能だ。相場の流れ（トレンド）に逆らわず、トレンドを追いかける「トレンドフォロー」という手法を採用し、上昇しているものは買い進め、下落しているものは売り続ける。予測をせず、上昇トレンドが続く限り延々と買い続け、下落トレンドが続く限り売り続ける。

そのため、トレンドが反転する局面で必ず損失を出す。上昇、または下落の明確なトレンドがない市場環境も得意ではない。このような苦手な局面では損切りを実行し、損失の拡大を防ぐ。人間は、感情が邪魔してなかなか損切りができないものだが、「Tファンド」はコンピュータプログラムにより運用されているため人間の感情が入る余地はなく、確実に実行する。さらに、上昇・下落に関わらず明確なトレンドが出る局面に強い。特に、底が抜けたような暴落時には大きな利益を上げることが多い。リーマン・ショックがあった二〇〇八年も大きな収益を上げ、同年の年間成績は五〇・八七%に達した。

リーマン・ショック以降は一進一退の展開が続いたが、ここ数年はすこぶる好調だ。「Tファンド」の年間成績は、二〇二〇年が＋九・六%、二〇二一年が＋三九・九%、二〇二二年が＋二三・一%となっており、この三年間で九〇%近く上昇している。リーマン・ショック以降の低金利、低インフレがもたらす値動きの小さい市場環境には苦戦を強いられたが、二〇二〇年の新型コロナウイルスの流行、さらには二〇二二年のロシアによるウクライナ侵攻により、高金利、高インフレ、そして値動きの大きい市場環境へと大きく変化した。この

「Tファンド」のチャートと直近3年の成績

■「Tファンド」チャート

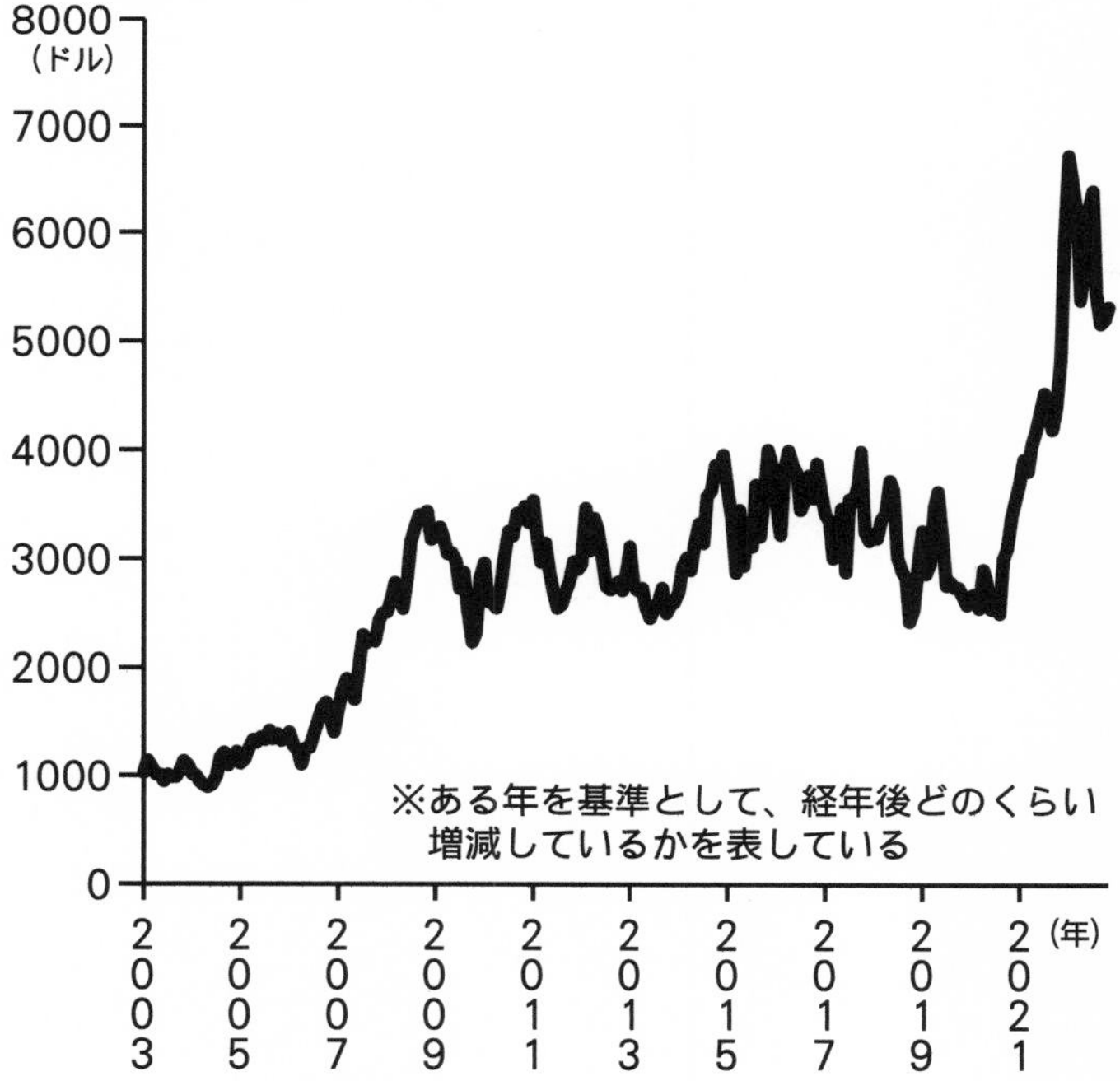

■「Tファンド」直近3年の成績

（単位：％）

	1月	2月	3月	4月	5月	6月	7月	8月	9月	10月	11月	12月	年初来
2020年	0.1	−2.8	−3.3	3.5	0.6	−5.0	14.0	−4.0	−9.0	3.2	−4.5	19.8	9.6
2021年	3.5	9.6	4.8	3.7	6.0	−2.8	6.0	3.3	4.0	3.9	−3.9	−3.4	39.9
2022年	4.9	9.8	22.8	13.5	−4.1	−4.7	−12.6	4.9	10.8	2.3	−15.1	−4.9	23.1

市場環境の変化が、「Tファンド」にとって強い追い風になっている可能性が高い。インフレと不況が同時に進むスタグフレーションが懸念される中、MF戦略で運用される「Tファンド」は非常に有望なファンドと言えるだろう。

「Tファンド」とほぼ同じ手法で運用されるが、リスク（値動きの大きさ）を「Tファンド」の半分程度に抑えた「T－ミニ」というファンドもある。リスクを抑えた分、リターンも「Tファンド」の半分程度に落ちるが、「Tファンド」に比べより安定的な運用が期待できる。最低投資額は、「Tファンド」が一〇万米ドル（約一三〇〇万円）相当額、「T－ミニ」は一万米ドル（約一三〇万円）相当額となっている。通貨建ての選択肢も豊富で、米ドルはもちろんユーロ、スイスフラン、日本円、英ポンド、豪ドルの各通貨建てで投資可能だ。

「ACファンド」「MCファンド」

「ACファンド」と「MCファンド」は、いずれも高配当が魅力のファンドだ。

年間配当金を株価で割った配当利回りは、「ＡＣファンド」が八～一〇％程度、「ＭＣファンド」が六～八％程度で推移している。配当利回りが一〇％あれば、一〇年で投資元本は回収できてしまう。

最近は高配当株に注目が集まるが、収益力の低い銘柄の場合、株価が長期的に下落し、株価の売買差損益と配当収入を合わせたトータルリターンが低くなりがちなので注意が必要だ。高配当でも配当金額以上に株価が下落してしまえばトータルリターンはマイナス、つまり損失になる。

その点、「ＡＣファンド」と「ＭＣファンド」のこれまでの運用はいたって順調だ。本書を執筆している二〇二三年三月時点で、両ファンドとも株価は運用開始時点を上回っている。配当も安定しており、「ＡＣファンド」は二〇〇四年、「ＭＣファンド」は二〇〇七年の運用開始以来、現在まで高水準の配当が継続的に支払われている。運用開始時点を上回る株価に高配当が加わるわけだから、当然トータルリターンも高くなる。配当を再投資した場合の年率リターンは「ＡＣファンド」が約一二％、「ＭＣファンド」が約一六％となっている。運用開始時点から投資していた場合、「ACファンド」は一九年弱で元本が約八倍、「MCファンド」は一六年弱で元本が約一〇倍に殖えている。

両ファンドとも主に中堅企業を対象に投融資を行ない、そこから得られる利息や配当を収益源とする。運用モデルは先述の「ATファンド」に似ているが、「ACファンド」「MCファンド」はいずれも株式市場に上場しているため、株価は市場が開いている間、常に変動する。そのため、「ATファンド」のように株価が常に上がり続けるなどという芸当はまったく期待できない。値動きの安定感という点では当然「ATファンド」の方が優れている。

一方、年率リターンは「ACファンド」と「MCファンド」の方が高い。実は、「ACファンド」と「MCファンド」は特殊なスキームで運用されているため、所在国における税優遇を受けている。そのため、融資対象の信用リスクの割に得られるリターンが高くなっているのだ。

「ACファンド」「MCファンド」とも、一般的な金融株と同様、市場の暴落や金融危機には弱い点には注意が必要だ。株式市場の暴落時には、驚くほどの

「ACファンド」チャート（配当再投資ベース）

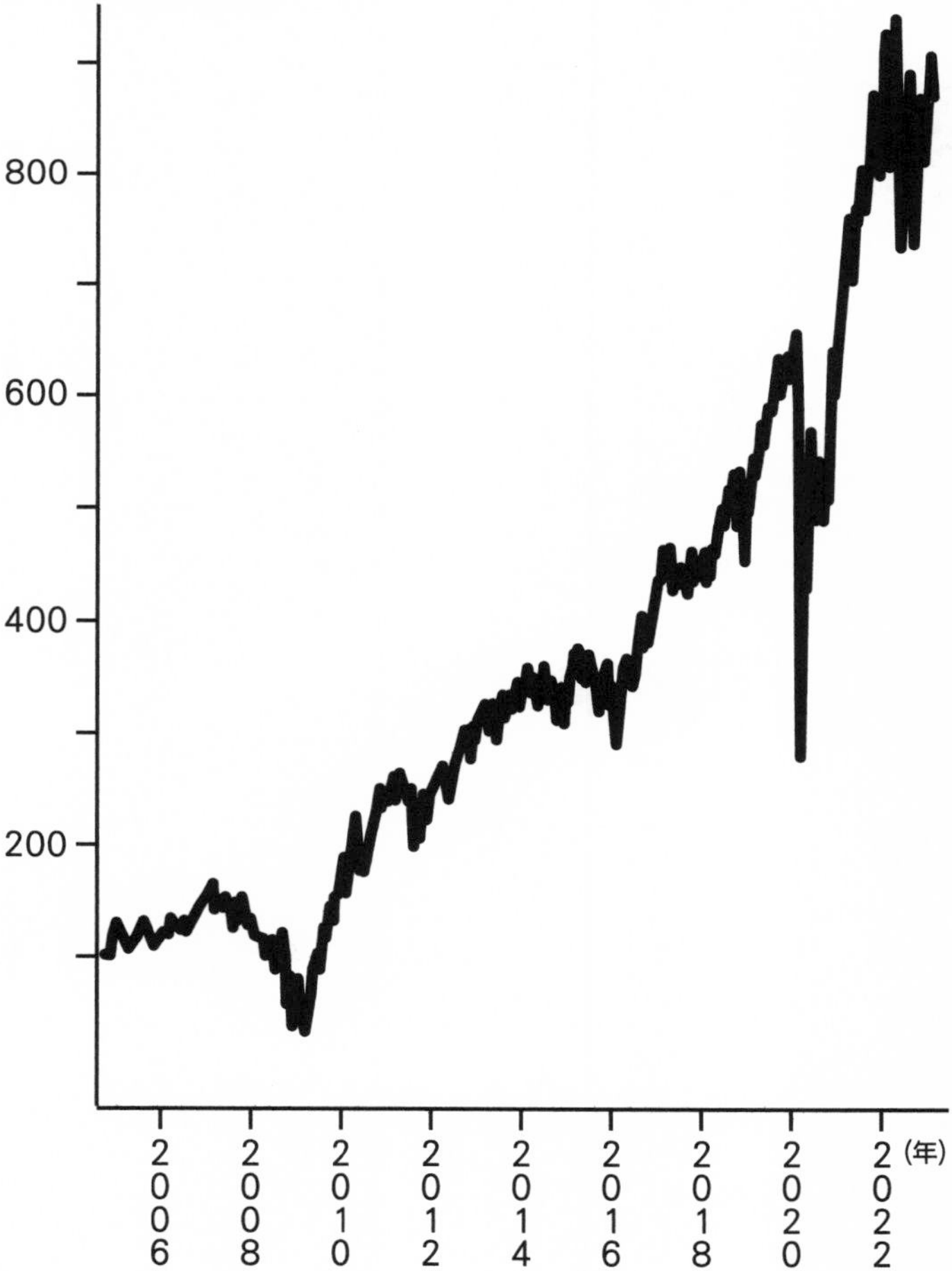

暴落を見せる。これまでで最大の下落となったのは、二〇〇八年の「ＡＣファンド」だ。リーマン・ショックの際、「ＡＣファンド」「ＭＣファンド」とも大暴落したが、特に「ＡＣファンド」の下落は大きく当時の最高値からの最大下落率は実に八五％に達した。つまり、株価はほぼ七分の一になったということだ。配当を別にすれば、単純に株価が七倍にならなければ元には戻らない。普通に考えれば、絶望的な状況だ。ところが高水準の配当と株価の回復により、当時の最高値から五年後には株価と配当を合計したトータルリターンはプラスになっている。

二〇二〇年のコロナショックの際も、やはり両ファンドとも大暴落した。特に「ＭＣファンド」の株価は、コロナショック直前の高値から約三分の一になった。しかし、翌二〇二一年四月には株価と配当を合計したトータルリターンはプラスに転じている。驚くべきことに、これほど大きな含み損をわずか一年強で解消してしまったのだ。

このように、その当時の最高値つまり最悪のタイミングで全額投資して大暴

「MCファンド」チャート（配当再投資ベース）

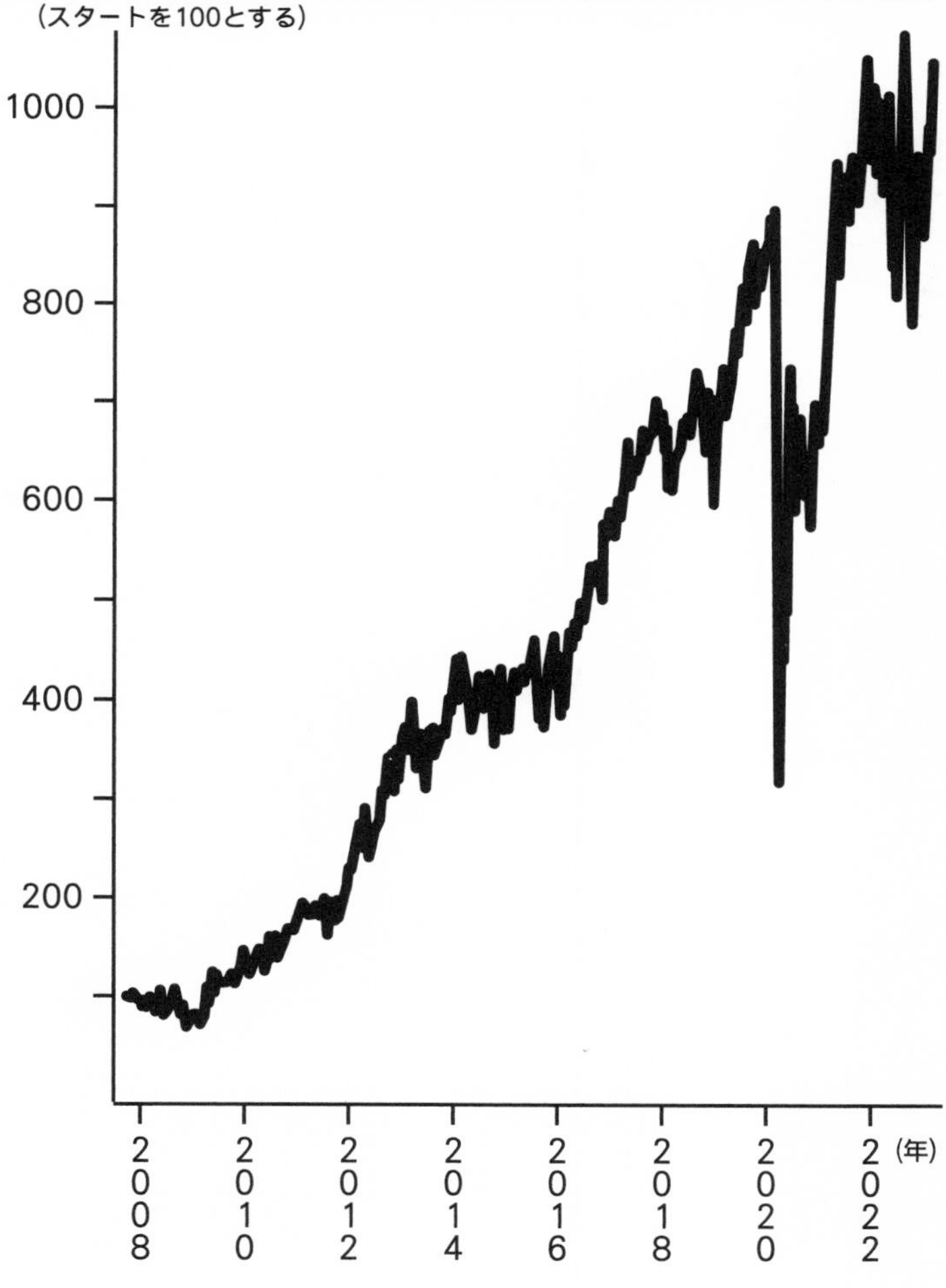

落に巻き込まれたとしても、最長でも五年後には損失は解消され利益が出ている。別の言い方をするなら、両ファンドとも五年以上保有を続けた場合、損失になったケースは過去に一度もないということだ。

両ファンドとも、米ドル建てで数十ドル（数千円）程度の少額から投資できる。いずれも株式市場に上場しているため、世界中の金融機関から投資できる。前述のシンガポールの銀行口座からも投資可能だ。また、日本国内でも一部の金融機関で投資することが可能だ。

複数の海外ファンドに分散投資して資産を殖やす

海外には有望なファンドがいくつもあるが、今回はそれらの中から五本のファンドをピックアップしてみた。仮に、これら五本のファンドに分散投資した場合、投資額はどのように変化するのか、二〇二三年二月末までの実績を元にシミュレーションしてみよう。

海外ファンド分散投資シミュレーション

ファンド名	年率リターン	投資額		10年後の評価額	20年後の評価額	20年後の円評価額
QEファンド	5.2％	10万ドル	→	16.6万ドル	27.5万ドル	1億1000万円
ATファンド	6.1％	10万ドル	→	18.0万ドル	32.6万ドル	1億3040万円
Tファンド	8.9％	10万ドル	→	23.4万ドル	55.0万ドル	2億2000万円
ACファンド	12.4％	10万ドル	→	32.1万ドル	103.5万ドル	4億1400万円
MC	16.4％	10万ドル	→	45.6万ドル	208.4万ドル	8億3360万円
合計	50万ドル（約6500万円）		→	135.7万ドル	427万ドル	17億800万円

「QEファンド」の最低投資額に合わせ、各ファンドに一〇万ドルずつ合計五〇万ドル（約六五〇〇万円）投資したとする。各ファンドの年率リターンは、「QEファンド」が五・二％、「ATファンド」が六・一％、「Tファンド」が八・九％、「ACファンド」が一二・四％、「MCファンド」が一六・四％であった。

仮に、これまでの年率リターンで運用されたとすると、当初五〇万ドルの投資額は一〇年後には一三五・七万ドル、二〇年後には四二七万ドルに殖える。資産は二〇年で約八・五倍に殖える。また二〇年後となると、日本の国家破産により相当な円安になっていると考えられる。仮に、二〇年後の為替レートを一ドル＝四〇〇円とすると、円ベースの評価額は約一七億八〇〇万円になる。国家破産を想定すれば、本当はもっと大幅な円安になっていても不思議はないが、このような控え目な為替レートで計算しても、資産はこれほどまでに殖えるのだ。

ここまでお読みいただき、国家破産対策に海外口座と海外ファンドがいかに有効かおわかりいただけたと思う。〝守り〟の「海外口座」と〝攻め〟の「海外ファンド」は、いずれも国家破産対策に欠かせない。言わば車の両輪だ。日本国内にはない、海外の魅力的な金融商品をうまく活用すれば、ハイパーインフレも預金封鎖も財産税も恐れるに足りない。逆に、危機を逆手に取って資産を殖やすことも不可能ではないのだ。

第三章　対策——応用編〈その2〉

株・オプション・仮想通貨で大インフレを生き残れ!!

国債市場が崩壊すれば金利が急上昇し、
預金をしていた一般の人々が最も大きな損失を被る。
私ができるアドバイスは、円資産をできるだけもたないようにすることだ

（カイル・バス）

国が破産した時、株式市場はどうなるのか？

「インフレ防止の緊急令出づ　けふから預金封鎖　一般引出を禁ず」（毎日新聞一九四六年二月一七日付）――一九四六年二月一七日の新聞各紙は、前日の夕刻に発令された「金融緊急措置令」を大きく伝えた。

具体的には、預金の引き出し制限とデノミ（旧円から新円への切り換え）といった措置が講じられたが、抜け道があったとされる。たとえば、事業資金や株式売買資金などが例外とされた。

私が講演会などでお客さまからいただく最も多い質問の一つに、「国家破産対策に株は有効か？」というものがある。私は長きにわたり国家破産の研究をしてきたが、実はこの質問に答えるのがとても難しい。それは、答えが「ＹＥＳ」でもあり、「ＮＯ」でもあるからだ。

まずは「ＹＥＳ」の側面からだが、ご存じのように国が破産する際は往々にして深刻なインフレ状態になっているため、「株はインフレに強い」という性質から資産保全に適切だと考えられる。

反対に「NO」の側面があるのは、国家破産の際には資本規制が実施されることがほとんどだという点を考慮してのことだ。そして過去の例から、資本規制が実施された場合は株式市場も取引停止になっていることが多い。この点に注意が必要だ。

戦後の預金封鎖の際は、実質的に株の取引が可能だったことから、もし〝次〟があるなら漠然と株は取引できるだろうと思っている人がいる。しかしキプロスやギリシャでは、資本規制と同時に株式市場も完全に封鎖された。

ただし、株式市場を封鎖するということは経済の血流を止めることであり、長期化すれば自国の経済に致命的なダメージをおよぼしかねない。そのためか、キプロスやギリシャでも株式市場の封鎖はあくまでも短期的な時限措置であった。株式市場は、資本規制ほど長引かずに再開されている（だが、再開後の株価は両国ともに暴落した）。

ちなみにキプロスでは二〇一三年三月一六日（土曜の朝）に預金封鎖の発表があり、翌月曜（三月一八日）から株式市場も取引停止。再開したのはおよそ二週間後の同年四月二日で、キプロス総合指数は大きく値を下げた。

続いてギリシャでは、二〇一五年六月二八日（日曜の夜）にギリシャ政府がユーロ圏では三例目となる資本規制を導入。翌月曜（六月二九日）から株式市場は休場、再開したのは二〇一五年八月三日で、およそ五週間も休場していた。ここ日本でも、何かしらの資本規制が導入された場合、二～五週間の休場そして取引再開後の暴落（反対に株へ資金が殺到する可能性も）を覚悟しておくべきだろう。

またギリシャやキプロスの場合は、その後もデフレ的な環境が続いたせいか、両国の主要株価指数のその後はまさにわが国の「失われた一〇年」のような展開をたどっており、結果として危機時の資産形成としては最適な手段ではなかったということが判明している。

一括《ひとく》りに経済危機と言っても、それがインフレ的な性質を伴うものなのか、それともデフレ的な現象で帰結するかによって、その後の株のパフォーマンスが変わってくることは間違いなさそうだ。

戦後の日本や少し前のイスラエル、そして最近のトルコといったインフレを伴った危機では、株が資産効果を発揮したことがわかっている。反面、バブル崩壊後の日本や前述したキプロスやギリシャの債務危機の場合は、経済がデフレ的な帰結を迎えているため、株を持っていてもほとんど資産保全に有効ではなかった（この場合、米国株などを買っていれば違った結果となっている）。

結論からすると、次に日本を襲う危機は財政インフレを伴った熾烈《しれつ》なものになるであろう。そのため資本規制が実施される初期の段階では、株式市場が一時的に封鎖され再開後に大暴落し、その後の財政インフレ局面では大バーゲンを狙った外国勢の買いも入って株価が上昇して行く可能性が高い。

実際、戦後の預金封鎖の際は、株やコモディティ（商品）で財を成し、その後の高度経済成長期に乗っかってさらなる富を手にした人も多くいた。次に日本が見舞われる危機は、まさに総決算（ガラガラポン）のようなものであり、被害が甚大な分、機会(チャンス)も相当に多くあると私は見ている。

そこで本章では、「対策——応用編〈その2〉」として株や仮想通貨を用いていかに国家破産を乗り切るかについて伝授して行きたい。

戦後は株を使って封鎖預金を引き出した!

私は、よく当社の講演会などで「戦後の預金封鎖や財産税の際、実は株式を保有していた人は売買することができて助かった」という話をする。一方、戦後の財産税には株式もその(課税)対象となった。この点を、どう解釈すればよいのかというと、戦後の財産税は自己申告制だったということにある。しかも、株式は現代のような保管振替制度(通称、ほふり。証券の保管振替制度のことで証券の売買に伴う受け渡しや名義書換えなどの手続きを簡素化する仕組みであり、証券保管振替機構で売買が行なわれるたびに口座振替により株式などの受け渡しを行なう)に預託されるものではなく、〝株券〟という現物として手元にあった。

日本政府として、財産税を実施するに当たり預金や土地の把握はできたが、それ以外の資産で手元に置いてあるものは把握できなかったのである。そして良いか悪いかは別として、そうした手元にある資産を申告せずに財産税を逃れたケースは確かにあったようだ。私も戦争を経験した父と同じ世代の方から、「戦後の財産税の時にプラチナの塊を井戸にドボンと入れておいて助かった」という話を聞いたことがある。

また、戦後のフィクサー（政治・行政や企業の営利活動における意思決定の際に、正規の手続きを経ずに決定に対して影響を与える手段・人脈を持つ人物）として有名な児玉誉士夫が、軍事物資として上海でかき集めたダイヤモンドやプラチナを日本に持ち帰り、それを軍資金として後にのし上がったのも似たような話だ。これは余談だが、児玉誉士夫が上海から持ち帰った資産を原資として日本民主党（現在の自由民主党）が結成されたことは、あまりに有名である。

では、戦後に株券は自由に売買できたのであろうか。答えは「ＹＥＳ」である。しかも封鎖されている預金（旧円）から株を買うことができ、それを新円で売却するという事実上の「引き出し」が横行していたのだ。

この辺りの事情に関しては、日本取引所グループが運営する「東証マネ部！」の「歴史的な視点で経済や市場を学ぶ」の中の「【第一三回】第二次世界大戦前後の証券市場（前編）（後編）」や、東京証券取引所が発行した『東京証券取引所50年史』に詳しく、これらの内容を引用しながら紹介したい。

敗戦が濃厚となった一九四五年八月九日、大蔵省は日本証券取引所の臨時休業を発表、そして翌日に立ち合いが停止された。この日本証券取引所における立ち合いは戦後も再開されることなく、一九四七年に解散となる。日本を統治していたＧＨＱ（連合国最高司令官総司令部）は、戦後一〇年は日本で株の取引所を認めないつもりでいたが、関係者の粘り強い交渉により一九四九年に東京証券取引所が設立され、その年の五月一六日から取引が再開した。

では、それまでの間は株の取引が一切できなかったのかというと、否である。『東京証券取引所50年史』によると、戦後まもなく、東京・大阪などの証券業者の店頭に、手持ちの株券や債券を売って生活資金を得ようとする人びとが現れた。一方、日本の将来の発展を確信し、また、インフレ対策としてセメント株、食品株、繊維株、映画株などを買おうと証券業者の店頭を訪れる人びともいた。

そうした売買に応じる証券業者の機会が増え、また、業者間での出会いの取引も次第に増加していった。しかし、売買は相対で行われ、競争原理が働きにくく流通性も乏しかったことから、取引の値段には乱高下があった。こうした店頭売買が拡大するにつれ、証券業者などの間から公正な株価形成と円滑な流通を期待して、証券取引所の再開を求める声が高まった。

一九四五（昭和二〇）年九月二六日、大蔵省と証券業者との協議が行われ、一〇月一日をもって、全国証券市場を再開する旨の津島寿一蔵相の談話が発表された。ところが、前述のように、ＧＨＱが同日

「取引所再開禁止の覚書」を発表したことにより、証券業者の取引所再開への期待はつかの間の喜びに終わってしまった。

しかし、自然発生的に始まった店頭での売買は絶えることはなく、次第に活発化し、相場情報交換の場所を求めつつ、集団取引へと発展していった。当初、集団取引は、実物の商いを取り扱っていた才取人（売買の仲立ちを専ら行う業者）と日証の実物取引員が中心的な役割を果たしていたが、やがて、他の取引員もこの集団取引に参加するようになっていった。

一定の時間、一定の場所に集合して売買する集団取引は、東京では一九四五年一二月一七日、兜町日証館で始まり、つづいて大阪では一二月一九日、翌四六年一月一〇日に名古屋（中略）で取引が始まった。

当時の情勢下にあって、GHQ、大蔵省はこの集団取引を、有価証券業取締法（一九三八年制定）によって行われる店頭売買の延長とみなし黙認した。

（『東京証券取引所50年史』東京証券取引所刊）

しかし、東京・大阪・名古屋で集団取引が始まっていた一九四六年二月一七日、日本政府は前述したようにインフレを収束させるために預金封鎖（金融緊急措置令、日本銀行券預入令）を公布施行した。より具体的な概要は、一一五ページの図の通りである。

大卒の勤め人の初任給が四〇〇～五〇〇円だった時代、政府は国民に「インフレ抑制のため」と協力を訴え、著名な東京大学の木内兵衛教授による「蛮勇《ばんゆう》を奮《ふる》え」というラジオ演説の影響などもあり、日本国民の間には資産凍結やむなしという雰囲気も漂っていたという。また、財閥解体や華族制度廃止など民主主義の流れと合致していたこともあり、当時の新聞もおおむね財産税に好意的であった。

とはいえ、前出の『東京証券取引所50年史』は「五〇〇円耐乏生活」と記述しており、預金封鎖の下での生活は決して生易しいものではなかったであろう。

二〇一五年四月一日付の東京新聞は、戦後の預金封鎖を振り返る記事を掲載し、以下のような、国民の悲痛な声を紹介している――「東京都八王子に住む

1946年に公布・施行された預金封鎖の概要

2月17日以降、銀行などからの
預貯金引き出しを制限（預金封鎖）

10円以上の日本銀行券（旧円）は
3月2日限りで無効
（それまでに使うか預金するしかない）

3月3日からは新しく発行した
新円のみ使用可、旧円とは
1人100円を限度に1対1で交換

勤め人の給与は
月給500円まで新円で支給、
残りは封鎖預金に振り込む

封鎖預金からの引き出しは
1ヵ月に世帯主が300円まで、
それ以外の世帯員は1人100円まで

内田イネ（七七）は『預金封鎖が父を変えてしまった』と言う。雪深い青森県で育ったイネ。漁師の父親は酒もたばこもやらず、こつこつ貯金し続け、『戦争が終わったら、家を建てて暮らそう』と言っていた。だが、預金封鎖で財産のほぼすべてを失った。やけを起こした父は海に出なくなり、酒浸りに。家族にも暴力を振るった。イネは栄養失調で左目の視力を失い、二人の弟は餓死した。イネは当時を思い出すといまでも涙がこぼれる。『戦争が終わってもまだ、飢えという別の戦争が続いていた』」。

このように多くの国民が困窮を余儀なくされる一方、抜け道があったのも事実である。たとえば、事業資金や株式売買資金などは例外とされた。そのため、株式ブームが巻き起こったのである。

証券売買の決済はすべて新円によることとされた。この措置は、新円の流通が不十分な状況の中では証券の売買が不可能となることを意味した。このため、集団取引関係者は一九四六年二月一八日から立会

を休止し、新円の取引は二月二一日から行うことを決めたうえで、日証、東京取引員協会の代表者が大蔵省に善処方を要請した。

大蔵省はこの要請に対して、一九四六年二月二三日に大蔵省告示を改正し、株式・出資証券・公社債などの買入れに対し封鎖預金による支払いを認めた。

この改正により、二月二三日以降、証券市場は新円と封鎖預金の二本立ての売買が行われることになり、これを契機に証券市場はにわかに活況を呈するようになった。

こうして封鎖預金による換物の流れが物から株式へと移った。この流れに加え、封鎖預金で株式を買い付け、それを新円取引で売却するという封鎖預金の事実上の引出しを目的とした売買も盛んに行われるようになり、集団取引の売買高は四、五、六月と時を追うごとに増大した（最初の株式ブーム）。

（『東京証券取引所50年史』東京証券取引所刊）

『東京証券取引所50年史』は、この動きを戦後で「最初の株式ブーム」としている。すでに東名阪で実施されていた集団取引は各地に広がりを見せ、一九四六年八月一日には神戸と新潟で、八月五日には京都で、そして一〇月一〇日には福岡で取引が始まった。また東京では、東京取引員協会が定めた集団取引のルールが同年五月一三日から実施されている。それは、一一九ページの図の通りである。

一九四六年六月二〇日、政府は証券買入れ資金の封鎖預金での支払いを阻止する目的で、「封鎖預金による株式買入れは発行会社の認証した名義書換申込書を金融機関に提出し、実際に売買があることを確認した場合に限って認める」とする大蔵省告示を通達した。これに対し東京では、六月二一日から集団取引を休止し、大蔵省に改善方を要望したが認められなかった。そこで、証券界は、やむなく七月一〇日から二本立てのまま集団取引を再開した。

（同前）

集団取引のルール（東京取引員協会規定）

参加業者	64名（旧取引員のみ）
売買単位	50株（7月10日から100株）
立会時間	午前立会／午前9時30分～11時、午後立会／午後1時～3時（土曜日は午前の立会のみ）
約定方法	相対売買
受渡方法	東京証券株式会社（戦前の東株代行株式会社）を通じて行う
受渡期日	約定日より10日以内の（7月29日から7日以内）売方勝手渡し（銘柄や受け渡し場所などについては取引所が指定する条件で売り手に選択権が与えられる）

『東京証券取引所50年史』のデータを基に作成

しかし、取引再開後も封鎖預金による株式の買い入れは留まることはなく、金融機関の事務手続きが渋滞し、増大した受渡未決済残高が幾度となく整理されるなど、当時の証券市場には困難と混乱が常在していたが、人々の換物《かんぶつ》（インフレ対策）への意欲はすさまじいものがあったようで、封鎖預金による株式売買は一九四八年七月まで続いたという。

東京証券取引所は一九四九年五月に創立されるが、この間までに数度の株式ブームが起きたようだ。そのブームは年を追うごとに波が高くなり、幅も広がって行ったという。

前出の『東京証券取引所50年史』は「集団取引が始まった一九四五年一二月から証券取引所が再開されるまでの間、集団取引はほぼ活況に推移した」とし、集団取引が果たした役割も「小さからぬものであった」と総括した。一方で、「集団取引に需給統合や売買管理上の問題があったことも否定できず、それゆえにこそ、公的な証券市場の必要性が強く要請されることになったのである」（同前）とも指摘している。

実際、戦後の集団取引には多くの問題も付きまとっていたが、インフレ対策を本音とした人々がその存在を欲していたことは間違いなく、さらには多くの面で信頼が醸成されていた。一九四九年に公的な取引が再開された際には、それまでの集団取引での株式の価格が反映されたこともそのことを物語っている。

ちなみに戦後の集団取引インデックス（株価指数）は、一九四六年八月を「一〇〇」として、それが一九四九年四月には「六〇九・五」まで膨らんだ。およそ六・一倍の上昇である。

預金封鎖は一九四八年七月に解除されたが、その間も高率のインフレが続いたため、封鎖されている間に預金の価値が減少、税引き後の預金は最終的に一七分の一にまで減価したと言われているが、株で換物していた人たちの打撃ははるかに少なくすんだはずだ。中には、相場を利用して逆に富を蓄えた逸話なども残っている。余談だが、一九四六年の物価上昇率は五一四％、四七年が一六九％、一九四八年が一九三％であった。

これが、よく私が口にする「戦後の預金封鎖や財産税の際、実は株式を保有していた人は売買することができて助かった」ということの真相である。

それでも株が有効だと言える理由

戦後と違って、現代ではもはや〝株〟は実物資産とは言えない側面がある。先に、戦後は株券という現物が手元にあったと説明した。それを、非公式ではあるものの集団取引によって売買することで、インフレ対策を実行したのである。

しかし、現在においては未公開株を除いて株式は、電子空間上で管理されているのだ。すべてが証券会社によって把握されており、これでは実物資産とは言えない。

これは株式に限ったことではなく、あらゆる資産について言える。国内の資産は、かなりの部分でガラス張りだ。たとえば生命保険は、二〇〇〇万円を超える契約は本人確認がされる。金《きん》（ゴールド）の売買にも本人確認がされ、二〇〇万円を超える売却については自動的に所轄の税務署に連絡が行くのだ。

また海外（非居住者）資産も、国外財産調書の提出やＣＲＳ（Common Reporting Standard：租税回避の動きを阻止するために経済協力開発機構が策定した共通報告基準）制度によって把握が進んでいる。秘匿《ひとく》性が高いとされる暗号資産（いわゆる仮想通貨）も、二〇二二年頃から送金先の把握が実施されているのだ。

マイナンバーカードの普及もあり、いまや国民のすべての資産が把握されようとしつつある。これは、世界的な傾向だ。すなわち、為政者からすると財産税を実行しやすい環境が整いつつある。

結論からすると、電子管理が進んだ現代でもし財産税が実施された場合、良くも悪くも諦めるしかない。「管理社会は嫌だ」などと嘆いたところで何も始まらないため、潔く納税した上でベストを尽くすしかないのだ。

現在は電子管理が進んだ一方、便利になった点も多くある。たとえば、戦後に比べてキャピタル・フライト（資本逃避）が容易になったことがそうだ。ご存じの方もいると思うが、戦後は長らく海外に送金ができないなど多くの制約が課せられてきた時期がある。一九四九年に制定された外為法は「対外取引原則禁止」の建前の下、その名の通り外国為替と外国貿易を厳しく管理するためのものであり、その外為法が対外取引を原則自由とする体系に改められたのは一九八〇年のことだ。

今となっては、ネット銀行やネット証券を駆使すれば、数回のクリックで海外送金や外国株を買うことができる。これはすなわち、もし仮に日本で経済危機が起きたとしても、理論上は資本を海外へ移せばリスクを回避できるということだ。しかし、その道は即座に閉ざされる可能性が高い。経済危機の際は、真っ先に資本規制が導入されることが多いためだ。とりわけ日本は、国民のホームバイアス(資産や預金の国内選好)こそが強みとされている。その神話が崩壊すれば、日本経済は再起不能とも言えるダメージを受けかねない。

だからこそ、真っ先にキャピタル・フライトを阻止するだろう。たとえば、外国株や外貨などの購入を制限し、海外送金を原則禁止にするといった具合だ。外貨にアクセスできなくなれば、自ずと国内での換物を強いられる。そうであるためにインフレを伴った経済危機の際には、国内株での運用が効果を発揮するのだ。先に、一国の経済危機がインフレで帰結するのかそれともデフレで帰結するのかによって株による対策が有効かどうか左右されると記したが、日本はまず間違いなく「残忍な財政インフレ」に見舞われると私は確信している。

悪性インフレの場合、往々にして株価はインフレ率ほどに上昇しない。しかし多くの人が換物を目的として株を買うため、良いパフォーマンスが発揮される。たとえば過去のイスラエル、そして最近のトルコにおける株価の高騰などが好例だ。

一九八〇年代のイスラエルでは、ハイパーインフレによって株価が六五〇〇倍になったのだが、日本が同様に道をたどる可能性も決して低くはない。現在、一〇〇％近いインフレ率に国民が苦しんでいるトルコでも、株が選好されている。二〇二二年は世界的に株価が低迷したが、なんと悪性インフレにもがくトルコを代表する株価指数「イスタンブール１００」が上昇率一位を記録した。

よく指摘される理由として、トルコ国内の投資家がインフレヘッジの観点から株を積極的に購入していることがある。年率八〇％以上のペースで物価が上昇する環境の下では、現預金の価値は日に日に落ちて行く。ならば、インフレ耐性が強い株式に投資する方が合理的な判断だ。

ここで、日本株に対する突飛《とっぴ》な予想をお伝えしよう。それは二〇一〇年に仏ソシエテ・ジェネラルのエコノミスト、ディラン・グライス氏が発したもので、同氏はその時点から一五年後に日経平均が六三〇〇〇万円に達すると大真面目に語ったのだ。

グライス氏は前述した一九八〇年代のイスラエルを引き合いに出し、日本も二〇二五年くらいにはハイパーインフレに陥る可能性が高いとして、当時の日経平均株価が九五〇〇円だったことからそこから六五〇〇倍をかけて、六三〇〇万円になると予想したのである。

米フォーブス誌のシニア・エディターであるダニエル・フィッシャー氏は、二〇一〇年一〇月五日付の記事でこのグライス氏の予想を引用、次のような投資アイデアを披露している。

トルコの通貨（為替）と株価（2022年）

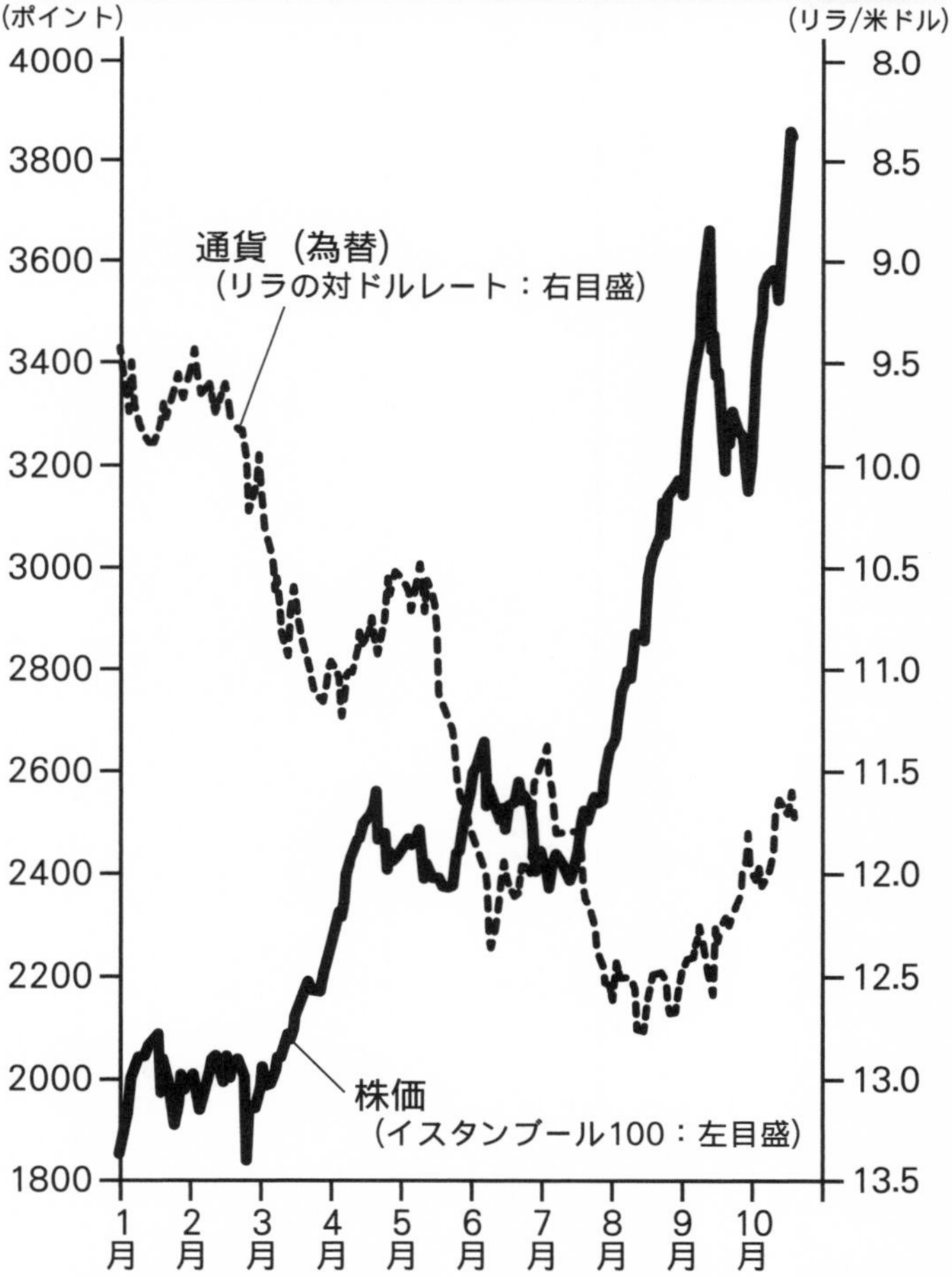

イスタンブール証券取引所、トルコ中央銀行のデータを基に作成

株価指数を原資産とし、いまは常軌を逸していると思えるほど『アウト・オブ・ザ・マネー（権利行使すると損失が出る状態）』になっているコール・オプション、たとえば一五年後を期日とする権利行使価格四万円のコール・オプションを購入することだろう。

（フォーブス二〇一〇年一〇月五日付）

さて、フィッシャー氏が披露した投資アイデアには、おそらくほとんどの人にとってなじみのない「オプション」という用語が登場したが、実はこのオプション、日本国債の暴落だとかその後の財政インフレといった有事の際にとても効率よくリターンをもたらし得る、とても便利な投資ツールなのだ。まだ日本ではさほど浸透していないが、アメリカを中心に海外では大人気のデリバティブ（金融派生商品）であり、知っておいて損はないので、次項ではそのオプションについて簡単に説明したい。

オプションを使ってブラック・スワン（突発的な危機）で儲けよう！

私はよくお客さまから「日本国債暴落に賭ける投資アイデアはありませんか？」といった類の質問を受けるのだが、その際には決まって「オプションが効率的で良いですよ」とお答えしている。というのも、日本の個人投資家にとっては日本国債の先物を売るといった行為が難しいのだ。

そのため、日本国債暴落＝株価も暴落と見込み、日経平均株価が暴落する方向にオプションをベットする（賭ける）のが、日本の個人投資家にとって容易で最善の方法だと私は考えている。

このオプションとは、短期間で株価・債券・商品・為替が急激に動く際にとんでもないリターンをもたらし得る代物だ。ただし、日本の個人投資家が債券オプション（すなわち日本国債暴落に賭けるオプション）にアクセスするのは容易ではない。そのため、「日経平均株価を原資産としたオプション」で勝負するのだ。

たとえば、このオプションを使った取引は二〇〇八年のリーマン・ショック、二〇一一年の東日本大震災、二〇一八年のＶＩＸ（Volatility Index：ボラティリティ・インデックスの略で恐怖指数とも呼ばれている）ショック、二〇二〇年のコロナショックなどで驚異的なリターンを叩き出したことが確認されている。大暴落にかけるオプション戦略を駆使することで知られ、二〇〇八年の金融危機を予測したベストセラー『ブラック・スワン』（上下巻　ダイヤモンド社刊）の著者ナシーム・タレブ氏が助言するテールリスク・ヘッジファンドは、二〇二〇年三月に運用成績プラス三六一二％という驚異的な結果を残した。

ここでは、オプション取引の詳細について述べることは省くが、ごくごく手短にオプション取引の概要を説明したい。ちなみに、ここで言うオプションとは、日経平均株価を対象（正確には原資産）とした「日経２２５オプション」のことである。ご存じのように、日経平均株価は取引時間中に動くのだが、オプション取引はある時点での日経平均株価がいくらになっているのかを当てようとするものだ。

そして、現時点から株価が上がると考えれば「コール・オプション」を買い、下がると思えば「プット・オプション」を買う。先物取引などでは下げると思えば「売り」から入るが、オプション取引の場合では（下がると思えば）プットを「買う」のだ。

このようにオプション取引では、コールもしくはプットを〝買う〟という、とても簡単な行為で上昇相場、下落相場どちらでも収益機会を狙うことが可能となる。相場が動かないという時も多々あるが、そうした局面を収益機会とするのがオプションの「売り」だ。たとえばコールの売りは、相場が膠着《こうちゃく》しようが下がろうが、上がらなければ利益が出る。反対にプットの売りは、相場が膠着しようが上がろうが、下がらなければ利益が出る。

ただし、一般の個人投資家がコールの売りまたはプットの〝売り〟をすることを私はお勧めしない。オプション取引には「買いの損失は限定／売りの損失は無限」という法則があり、売りは致命的な損失を出す可能性をはらんでいるのだ。だからこそ私は個人投資家に対しては普段からオプション取引をせず、ここぞという時（すなわちリーマン・ショックや日本国債暴落といった劇的なイベント）の時にだけ株価の暴落を狙ってプットを買うことをお勧めしたい。

先にアメリカのテールリスク・ヘッジファンドが二〇二〇年三月に運用成績プラス三六一二％という驚異的な結果を残したと伝えたが、仮に日経２２５オプションを使って彼らの戦略を模倣するとすれば、二〇〇万円の損失を許容し二〇〇〇万～二億円程度の利益を狙うということもできる。さらに、投じる金額を少なくすることも可能で、二〇万円の損失を許容し二〇〇〇万～二〇〇〇万円程度の利益を狙うというスタンスでも構わない。

二〇二〇年三月のコロナショックで、日経平均株価は年初来の高値二万四一一五・九五円（二〇二〇年三月一七日の日中）から三〇％程度もの下落を記録したが、その間に約一〇〇〇倍の値を付けたオプションが存在する。

正確には、「二〇二〇年三月限の権利行使価格一万八〇〇〇円のプット・オプション」が九四七・一一倍となった。ただし、これは利益を最大化できた場合の倍率であり、個人が最も安く買って最も高く売るというのは至難の業である。その点を割り引いたとしても、今回のコロナ禍に乗じて投資した金額の一〇〇倍くらいの利益を手にした人は大勢いるはずだ。

オプション取引というのは、これほどまでに投資効率が良い。掛け金を支払うことで手軽に株価暴落に対するリスクヘッジができる、というのも大きな魅力だ。買い建てに限れば、信用取引のようにマージンコール（追い証）が発生することはない。

言っておくが、日本国債が真に暴落すれば、その影響はコロナショックなどとは比べものにならないほど深刻なものになるだろう。日経平均株価で言えば、一〜二万円は下げても不思議ではない。しかし、どこかで底を打った後は、イスラエルやトルコのごとく、財政インフレに乗じて株価は暴騰して行くだろう。

もし、あなたが暴落時にオプションを利用したいというのであれば、拙著『200万円を5年で50億円にする方法』（第二海援隊刊）を読んでいただければ理解が深まるだろう。さらに実際にオプションをやってみたいという方は、巻末一八九ページの「オプション研究会」をご覧いただきたい。

破綻国家で活況を呈する暗号資産

「暗号資産は実際に、一部の人々が予測していたようなセーフティネットの役割を果たしつつある」（フォーブス二〇二三年三月二八日付）――アジア最大のブロックチェーン投資会社である香港のアニモカブランズのヤット・シウ会長は二〇二三年三月二〇日、米シリコンバレー・バンクやクレディ・スイスなどの信用不安を振り返り、「このような状況下で、特にビットコインやイーサなどの暗号資産は、伝統的な銀行のリスクを回避して価値を保存するための魅力的な代替手段になった」（同前）と指摘した。

ボラティリティが高く、依然として一部の投資家から敬遠されている暗号資産（仮想通貨）だが、銀行危機や国家破産の時は金《きん》などと同じく発行体の信用リスクがない暗号資産が、価値の保存としての効果を発揮する可能性が高い。

それは、先に国家破産したジンバブエ、ベネズエラ、トルコ、アルゼンチンの例からも確認できる。ただし、各国で規制が強化されているのも事実である。詳しくは三八ページを振り返っていただきたい。

まずはジンバブエだ。少し古いが、二〇一七年一一月一四日付のロイターが示唆に富む記事を掲載しているので、少し長いが引用したい。

仮想通貨ビットコインは、あまりの高騰ぶりに世界中でバブルが警戒されている。ところがハイパーインフレに苦しむジンバブエでは、身を守るための貴重な手段となっているようだ。

法定通貨が日々目減りするのにあわてて、切羽詰ってビットコインに駆け込む人もいれば、外国に留学している子供への仕送りに利用する人もいる。

その結果が凄まじい。国際市場では先週、ビットコインが過去最高の七八八八ドルと、年初の七倍に達したが、ジンバブエの首都ハラレのビットコイン取引所Ｇｏｌｉｘではなんと一万三九〇〇ドルと、年初の四〇倍まで暴騰している。

「貯金を全額ビットコインに換えた。資産を守るにはそうするしかないからだ」と語るのは、通信系企業に勤める男性だ。

ジンバブエはかつて自国通貨がハイパーインフレによって紙くず化し、二〇〇九年に米ドルを法定通貨に採用した。しかし深刻なドル不足に陥った結果、今や国民の銀行口座にある「ドル」の価値は本当の米ドルに対して急落し、「ゾラー（ｚｏｌｌａｒ）」の異名をとるようになった。

現在、現金一〇〇ドルを買うためには一八〇ゾラーと交換する必要がある。一月にはこれが一二〇ゾラーだった。

ハイパーインフレの再来で、国民は自動車や不動産、株など、インフレでも価値を失いそうにない物なら何でも飛びつく状態だ。

〈海外取引の決済〉

ジンバブエではまた、銀行がマスターカードとビザの決済を制限あるいは阻止しているため、海外への支払いを行うのが難しい。ビットコインを使えばこの問題を回避し、ビットコイン決済を受け付けている外国の商店からモノやサービスを買うことができる。

外貨を用いた海外との商取引にはジンバブエ中央銀行の承認が必要で、中銀は燃料や医薬品など生活必需品の購入承認を優先している。

Ｇｏｌｉｘはロイターの取材に対し「例えばソフトウエア開発会社がソフトのダウンロード料金を払いたいと言っても、中銀が優先承認してくれることはまずないが、ビットコインでは支払える。外国に留学している子供への仕送りに（ビットコインを）利用する人々もいる」と答えた。

裕福な家庭は子供を南アフリカや英国に留学させているが、通貨不足のために仕送りに苦労している。

Ｇｏｌｉｘのデータによると、一〇月に同取引所が取り扱ったビットコイン取引は一〇〇万ドル相当だった。
しかし外国人は取引にほとんど参加していない。理論的には、海外の投資家は国際市場でビットコインを買い、ジンバブエで約二倍の価格で売ることが可能だが、問題は支払いがゾラーで行われることだ。
（ロイター二〇一七年一一月一四日付）

次に、ベネズエラだ。二〇二一年六月二二日付のロイターは、ハイパーインフレと制裁にもがくベネズエラでは、送金の手段として仮想通貨が定着し始めていると紹介した。続けて、以下のように解説している。

ハイパーインフレと米国の制裁に経済が打ちのめされたベネズエラにあって、伝統的な銀行システムが取り扱っていた様々なサービスを提供する新たな手段として出現したのが仮想通貨と言える。利用者や専門家の話では、送金以外にも、賃金をインフレから守ったり、通貨急落が続く中で企業がキャッシュフローを適切に管理したりするツールとして役立っている。
（ロイター二〇二一年六月二二日付）

さらに、トルコだが、二〇二二年一月一三日付の米ウォール・ストリート・ジャーナルは「仮想通貨に走るトルコ市民、急落のリラに見切り」と題し、以下のように伝えている。

トルコの市民は長らく、資産をドルやユーロ、ゴールドなどで保有することで、経済の混乱を乗り切ってきた。だが、近年には仮想通貨の存在感が高まり、はるかに値動きが荒いながらも、仮想通貨が富を貯蔵する新たな手段になっている。（中略）トルコでは、銀行預金の約三分の二がドルやユーロを中心とする外貨建てだ。国内銀行はこれらドル預金の一部をトルコ中央銀行や政府に貸し出しており、当局はこれを原資にリラ防衛のためのドル売り介入を行っている。仮にドル建て預金の取り付け騒ぎが発生すれば、トルコの銀行は預金者の引き出し需要に応じるため、ドル資金の一部を当局から取り戻す必要が出てくる。その際、政府がドル資金を確保できるのかとの疑問がくすぶっている。そのため、最悪の場合、ドル建て預金をリラ建てに交換するよう、政府が銀行に迫る恐れがあるとの懸念も出ている（後略）。

（ウォール・ストリート・ジャーナル二〇二二年一月一三日付）

最後にアルゼンチンである。二〇二二年五月三〇日付のロイターは、「インフレ加速のアルゼンチン、仮想通貨が人気」と題し、以下のように伝えている。

アルゼンチンはインフレ率が足元で六〇％近くまで上昇し、倹約に努める市民は何年も続くつらいインフレから身を守るため、仮想通貨に引き込まれている。仮想通貨は最近相場が暴落し、ビットコインを法定通貨に採用した中米エルサルバドルでは問題が起きているが、お

構いなしだ。（中略）アルゼンチンは通貨ペソが今年に入って対ドルで一四％も下落し、信認が傷ついたことが仮想通貨普及の引き金になった。個人が購入できる米ドルに月二〇〇ドル（約二万五六〇〇円）の上限を設ける資本規制も仮想通貨の利用促進に拍車をかけている（後略）。

（ロイター二〇二一年五月三〇日付）

これら新興国（それも破綻国家）で起こっていることを、〝対岸の火事〟だと侮《あなど》ってはならない。ここ日本でも、国債の暴落や資本規制の導入といった〝国家の末期的な症状〟がいつ現象として私たちの前に出てくるのかわからない状態だ。実際にコトが起きてからでないと、私たち国民がどのような困難に直面するかわからないが、ここは想像力を働かせるしかない。戦後の日本人や今の破綻国家を生きる人々は、何とか知恵を絞りながら生き残りを模索している。

絶望的な破綻やインフレでも諦めるな！

日本銀行の内田真一副総裁は二〇二三年三月二九日、衆議院財務金融委員会での答弁で「日銀が保有する国債の評価損について、長期金利が〇・五％だった二〇二三年二月末時点のイールドカーブ（利回り曲線）を前提に、さらに一・五％上昇し二％となった場合には五〇兆円程度になる」との試算を明らかにした。

日銀の含み損に加え、約四〇〇兆円もの日本国債を保有する国内金融機関にも莫大な含み損が出る。日銀や市中の銀行が満期を前提として保有する債券は、簿価会計にすれば含み損が出ても問題ないとの見方もあるが、先の米シリコンバレー・バンクの破綻は「決してそうではない」ということを私たちに示した。

少なくとも株価は極度に動揺し、経営不安に見舞われる金融機関も出てくるだろう。そうなると、やはり日銀の政策には出口など存在しないのかもしれない。すなわち、今後も日銀のＹＣＣ（イールドカーブ・コントロール）はなんだかんだで維持され、その対価として日本円がどんどん減価して行くというシナリオだ。

市場関係者の間では、この二〇二三年四月に日銀総裁が交代した後の緩和修正観測が相変わらず根強い。しかし私は、このような理由から「もはや、日銀が出口に向かうことはないのではないか」との見方も持っている。日銀は、金融緩和を半永久的に続けざるを得ず、日本人は〝減価する円〟と運命を共にしなくてはならないという筋書きだ。

通貨安が進行する過程では「資本規制」や「固定相場制」が導入されることも想定しておきたい。特に資本規制が導入されると外貨の保有が困難になり、円安による購買力の低下を甘受しなければならなくなる。そうした状況下で購買力を維持できるのは、海外に外貨建ての資産を持っている人だけだ。もしくは、株や不動産、暗号資産といった総力戦で購買力を維持するしかない。

私が懇意にしている米ヘイマン・キャピタル・マネジメントのカイル・バス

氏は以前、「日本円の購買力（すなわち円の価値）が最大のバブル」と喝破したが、二〇一三年に始まったアベノミクス以降、日本人の購買力はすでに相当な水準にまで低下している。

ここに、次の危機が決定打をおよぼすかもしれない。想像を絶する「一億総貧困」という世界が出現する可能性もある。だからこそ、私たちは今こそ世界中で起きてきた過去の危機を教訓とし、あらゆる手段を動員し、購買力の維持に勤めなくてはならないのだ。あなたの老後資金を守るために。

第四章

浅井隆からの重大メッセージ

――対策を実行するにあたって注意すべきこと

見なさい、いかに仲の良い夫婦でも、金《かね》が無くなつて、家政が左前になると、犬も喰はない喧嘩をやるではないか。

国家の事だつて、それに異ることは無い

（勝海舟）

世界の借金ランキング〝ワースト二位〟の国に住む皆さんへ

「2026年　日本国破産」シリーズ・全五巻がこれにて完結する。ここまで読み通されて、あなたは一体何を思われただろうか。おそらくほとんどの読者が、その中身のすさまじさに震え上がったのではないだろうか。それほど、国家破産の結果起きるコトは恐ろしいものと言ってよい。

ところで、金融危機や国家破産について書かれた書籍やレポートは世界中でそれなりの数が存在しているが、このシリーズのように破産した国家の現場に赴《おもむ》いて実際に多くのインタビューでその本当の姿をとらえて、しかもわかりやすく伝えているものは他に見たことがない。確かに『国家は破綻する』（カーメン・M・ラインハート　ケネス・S・ロゴフ著　日経BP社刊）も学術書としては例を見ない内容のもので、八〇〇年にわたる危機の歴史をたどってはいるが、あくまでも文献やデータから情報を集めた学者向けの内容と言ってよい。

そこには、私たち国民がどう生き残ったらよいのか、どうサバイバルしたらよいのかというその具体的方法——私たちが実は一番知りたいこと——については、一行も書かれてはいない。したがって、これから買って読もうという方には、「あなたが学問的に研究したいのならば買ってもよいが、そうでないのなら高くて重いだけだからやめておきなさい」と忠告しておく。

それに対して、現場のインタビューと歴史の教訓を織り交ぜながら、私たちの命の次に大切な老後資金をどう守るか——それを皆さんにお伝えするのが本書の目的であり、世界でも他に類を見ない内容であると自負している。したがって、この全五巻シリーズを皆さんの血となり肉となるまで何度も読み通していただき、そこから得られる教訓を真剣に胸に刻んでほしい。

そして、最後は実行あるのみだ。この本を読んで、「なかなか興味深いじゃないか」で終わってしまっては何の意味もない。対策を実行しないのであれば、読まないのと一緒だ。

ここで、私から皆さんに重要なメッセージを投げかけておきたい。すでに何回か述べたが、日本国政府の借金はＩＭＦ（国際通貨基金）発表の数字で二〇二一年にＧＤＰ比で二五七％に達しており、比較可能な一八七ヵ国中、断トツトップクラス（トップというべきか、ワーストというべきか、その表現に悩むが）なのだ。第一位は想像を絶するハイパーインフレで国民の八割が餓死寸前の、あの南米ベネズエラだ。そして、第二位がなんと私たちが住むこの日本なのだ。三位は、今なお内戦で日本人を退去させるほどの大混乱に陥っているアフリカのスーダンである。

世界最悪の借金をめぐるチキンレースは、こうした極貧の途上国と日本が競い合うという、歴史上にも他に例がない異様な展開となっている。もちろん、先進国でこのような状況の国は、現在この地球上に一つもない。

そうした中、近年不思議な学説が注目されている。「ＭＭＴ」と呼ばれるもので略さずに言うと「モダン・マネタリー・セオリー」と言い、日本語では「現代貨幣理論」と訳されている。かいつまんで言うと、「自国通貨建てで借金できるのであれば、政府は行き過ぎたインフレが起きない限り、借金の膨張を心配する必要はない」というものだ。そして、その論拠がなんとこの日本というわけだ――「国債の九〇％以上が国内で消化されている日本は、いくら借金しても大丈夫だし、実際太平洋戦争（二〇四％）を超える借金をしても何も起きないではないか」と。

しかし、皆さんよく考えてほしい。まさにこの日本という生き身の国家で、歴史上初の「いくら借金をしたら国が潰れるか」という「壮大な実験」をしているのである。つまり、戦争以外の平時において、政府というものはどの程度の借金をしたらショック死するかという人体実験のようなものだ。私たち日本人こそ、いい〝ツラの皮〟である。私たち自身が〝モルモット〟というわけだ。

ここではっきり言っておこう。バブルのピークには、それを正当化する「もっともらしい理由や学説」が、それこそ泡のように出てくるということを。大恐慌直前の一九二九年のバブルピークのアメリカでは、「この繁栄は、永遠に続く」というもっともらしい学説が流布され、多くの人々がそう信じてさらに借金して株を買いまくった。それから数ヵ月後、そのうちの多くはニューヨークの摩天楼から飛び降り自殺した。日本のバブルピークの一九八八〜八九年頃にも、似たような話が雑誌の紙面や証券界をにぎわせた。まさに、いつも通りの年中行事なのだ。MMTなどその最たるものだ。

日本国債（日本国政府の借金のメイン）は今まさにバブルであり、〝日銀という仕手本尊〟が無制限に買い支えてきた。その仕手本尊自身は、この相場から逃げたくても逃げることは不可能だ。すでに全発行残高の五〇％以上を保有しており、もう後には引けない。まさに〝片道切符の神風特攻隊〟と言ってよい。

しかも、元々の議論の前提が間違っているとしたらどうだろう。日本の財政は破綻しないと主張する人々の議論の前提には、「個人金融資産が二〇〇〇兆円あるから大丈夫」というものがある。だが、この前提そのものが疑わしいのだ。というより〝錯覚〟と言ってよい。というのも、個人金融資産と言われる二〇〇〇兆円の中身をよく眺めてみると、とんでもないことがわかってくるからだ。

そこで一五三ページの図を見ていただきたい。これが個人金融資産の内訳だ。そのうちの半分強の一一一六兆円が「現預金」となっている。本当の現金

（キャッシュ）は一〇〇兆円ほどだから、金融機関に預けられている預貯金はおよそ一〇〇〇兆円ということになる。問題は、その中身である。銀行や郵便局に預けた大切なお金――実は、その大半はすでに銀行や郵便局にはないのだ。本当に〝存在しない〟のだ。

よく考えてみてほしい。あの立派な大通りの角にある、メガバンクの支店を。そして、多くの行員とATMをかかえているわけで、それらにいくらお金がかかるとお思いだろうか。だから銀行は、預かったお金をそのまま自分自身が持っていたらやって行けないのだ。その大半を誰かに貸すか、何かに投資（たとえば日本国債）して利ザヤを稼いでいるのだ。だから、銀行が何かあった時にすぐに払い出せる現金というのは、全預金残高の一～二％程度しかないのだ。

したがって、「国の借金が膨張していても最後は担保として国民の預貯金があるから大丈夫」という議論は、まったく成り立たないのだ。せいぜい一〇〇〇兆円のうち、国の借金と相殺できるのは二〇〇兆円くらい、と考えておいた方がよい。

家計の資産（個人金融資産）の割合

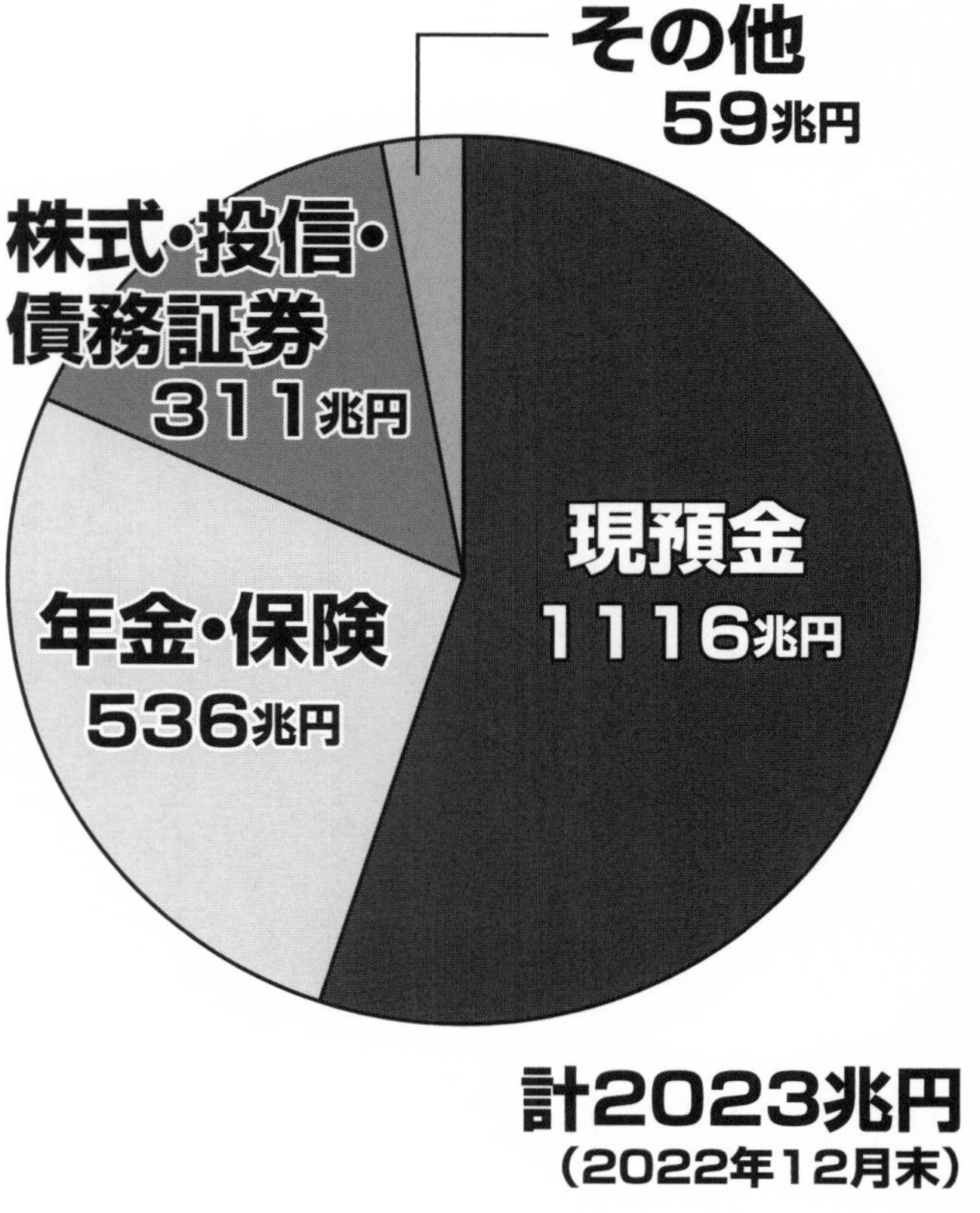

注：1兆円未満切り捨てのため合計額は2023兆円にならない
日本銀行調査統計局「2022年第4四半期の資金循環（速報）」
のデータを基に作成

一五三ページの図の中に占める割合が二番目に多い「年金・保険」の五三六兆円も同じことだ。年金・保険の原資は、すでに株や国債に投資されてしまっており、もし国の借金と相殺するとしたらそれらをすべて売却して現金化せねばならず、それをやれば債券市場（金利）も株式市場も崩壊寸前の状況に陥る。ましてや、「株式・投信」にいたっては論外と言ってよい。そんな大量（三一一兆）の解約が出たら、日本の資本主義市場がなくなってしまう。

さらにこれ以外に、「『対外純資産』という〝伝家の宝刀〟があるさ」という専門家もいる。その額は、なんと四一一兆円だ。しかし、これもよく考えてほしい。国の借金との相殺のためにそれを世界中から引き揚げるとなったら、それこそ「世界大恐慌」だ。リーマン・ショックの一〇倍以上の、とんでもないパニックが全世界を襲うことになる。そんなことをアメリカもＩＭＦも許すはずがない。

というわけで、「国の借金をさらに膨張させても個人金融資産と対外純資産があるから大丈夫」という話は、錯覚に過ぎないのだ。

ついに日銀が海外勢の国債売りに屈した

そうした中、この瞬間も借金だけは着実に増え続けている。二〇三〇年頃には、ＧＤＰの三〇〇％に到達することだろう。その頃には、高齢者による預貯金の取り崩しも始まっている。というわけで、すでに勝負は決まっているのだ。手遅れの状態と言ってよい。ガンで言えば、余命宣告の段階である。

この世のすべての現象で永遠に続くものはないし、どんなものでも限度を過ぎれば必ず手痛いシッペ返しがやってくる。日本の借金バブルは、一〇年以内（ただし実際にはもっと早いが）に必ず崩壊するだろう。そして政府の借金の担保は、やはり私たちの命の次に大事な財産というわけだ。私たちの老後資金を、〝丁半バクチのタネ銭〟にされてはかなわない。

そして二〇二二年に、いよいよとんでもないコトが起き始めたのだ。まず、四月から六月にかけて〝小さな雪崩〟とも言うべき第一弾がやってきた。日銀が押し進めてきた国債買いに伴う金利のゆがみを、イギリスのファンドが突いてきたのだ。日銀は、一〇年物国債の金利を〇・二五％以上には絶対させないと必死の防戦を繰り返したが、一瞬ストップ安となり〇・四一％まで金利が上昇するという異常事態となった。そこで日銀は、国債を無制限に買いまくるという挙に出て、何とか守り抜いた。

しかし、コトはこれで治まらなかった。海外勢は、国債がダメならもっと市場規模の大きい為替市場で円を売り崩そうと、九月～一〇月にかけて一気に円売りをしかけてきた。慌てた政府・日銀は、二度も大規模介入を繰り返したが、ドル／円は一五一円まで円安となり、日本中が騒然となった。

そして、ついにクリスマス直前の一二月二〇日、前代未聞のことが起きた。黒田日銀総裁が記者会見して、政策の修正を発表したのだ。執拗にゆがみを突いて日本国債を売ってくる海外勢の前に、日本の中央銀行が膝を屈したのだ。

こうして日銀は、事実上の利上げに追い込まれた。主要先進七ヵ国の強大な中央銀行が市場に負け、叩きのめされたのは、一九九二年にジョージ・ソロスに英イングランド銀行（イギリスの中央銀行）がポンド売りで打ち負かされて以来、二度目だ。それほどの重大事件だったのだ。しかもこれは、これから起きる国家破産の前兆と言ってよい。ついに、堤防の一部が決壊し始めたのだ。

いよいよ、日本国の運命は決まったと言ってよい。タイタニック号は氷山に激突してしまったのだ。というわけで、もはや、本気で対策を講じるしかないのだ。もう、考える時は終わった。あとは実行あるのみである‼

国家破産対策の専門家を軍師として使おう！

そこで、今後皆さんが国家破産対策を実行するに当たって非常に重要なこと、注意すべきことをこれから述べて行くので、心して聴いてほしい。

まず第一に「準備のための時間は、そう長くはない」ということ。そのことを肝に銘ずべきだ。もし、私の予測通り二〇二六年から国家破産がスタートするとすると、二〇二五年の秋までにはすべての対策を打ち終えていなければならないことになる。この本をあなたが手に取って読み終えたのが二〇二三年の夏だとすると、二年しか時間的余裕はないということだ。しかも、その間にやるべきことは山ほどある。

そして、第二の鉄則が次に浮上してくることになる。それは、「素人考えで安易なことをやるな」ということだ。自分の思い込みで勝手に解釈して、このやり方でいいはずだと安易に手を打つと、後で思いもかけないトラブルに巻き込まれることになる。

第三の鉄則は「良きアドバイザー（軍師）を必ず傍らに置け」ということだ。その専門分野に詳しい、しかも誠実なアドバイザーをコスト（お金）をかけてでも手に入れ、自分の傍らに置くべきだ。

かつて、最下級の身分から身を起こしついに天下を取った豊臣秀吉には、若い頃には竹中半兵衛、後半生には黒田官兵衛という、稀代の名参謀（軍師）がいた。また徳川家康と関ヶ原で天下分け目の戦いをした石田三成には、島左近《しまさこん》という、秀吉でさえ部下にしたくてもできなかった名軍師がいた。島左近は当

国家破産対策を実行する時胸に刻むべき鉄則

鉄則① 準備のための時間はそう長くはない

鉄則② 素人考えで安易なことをやるな

鉄則③ 良きアドバイザー（軍師）を必ず傍らに置け

鉄則④ コスト（お金）を惜しむな

代一の策士と言われたが、プライドも非常に高かったようで、秀吉の軽薄さを嫌ってその誘いには乗らなかった。ところが少し経ってから「島左近が三成の下で働いているらしい」という話を聞いて、秀吉が興味を持った。「三成のやつめ、どうやって島左近を籠絡《ろうらく》したのか」。すると、三成から信じがたい答えが返ってきた。「ハッ、実は私めの知行（石高、今で言えば年収と言ってよいかもしれない）の半分を左近に差し上げたのでございます」。これにはさすがの秀吉も腰を抜かしたらしい。大名が自分の知行の半分を部下に渡すなど、前代未聞の出来事だったのだ。軍師には、それほどの価値があるのだ。

皆さんもこれから国家破産対策という大事業を成すに当たって、ぜひそれに打って付けの軍師を手に入れていただきたい。第四はこうしたことに「コスト（お金）を惜しむな」ということだ。〝タダほど高いものはない〟と言ってよい。

ところで、世の中広しと言えども〝国家破産対策のためのアドバイザー〟というものはほとんど存在しない。私も探してみたが、見つからなかった。そこで手前味噌で恐縮だが、私自身が「このようなものがあったらいいな」と思って作った「国家破産対策のためのアドバイザリー組織」がある。二〇年ほど前に設立してこれまで続いてきたもので、特に今後は皆さんのために大きな力を発揮することだろう。

その代表的なものが「ロイヤル資産クラブ」（資産家向け）で、それと並行して「自分年金クラブ」（一般庶民向け）もある。それ以外にも株の専門クラブが四つあるが、ここでは詳しく触れない。「ロイヤル資産クラブ」と「自分年金クラブ」では、国家破産対策の柱となる海外ファンドの詳しい情報や海外口座の開設の仕方、維持のノウハウを教えるだけでなく、国内での対策にも様々な情報を提供している。

レクチャーも頻繁に行なっており、世界一財政も銀行も健全で、自然環境も保全されているニュージーランドへのツアーも年一回開催している。こうしたレクチャーやツアーで友達になった会員様同士が様々な情報交換を行なって、有益なチャンスを作ることもある。現在、すべての会員制組織の合計で一八〇〇名もの会員様が集まっており、大変満足していただいている。さらに格安の料金で経済関連の情報をお届けする「経済トレンドレポート」の発行も行なっており、国家破産に関する重大な情報は「国家破産警報」として随時レポート上に掲載されるようになっている。

このように様々な有益なサービスを提供している。あと二～三年で対策を実行するためには、やはり専門家のアドバイスが絶対必要だ。そこで、ぜひこれらのクラブにお入りいただきたいと思う。ご自身で苦労してやるよりも、その方がかえって安上がりである。なにしろ、私たちには二〇年もの間の特別な情報とノウハウの蓄積があり、その価値はお金に換算したらとんでもないものになるからだ。ぜひ、それらを活用されて国家破産対策を一日も早く万全なものにしていただきたい。

「クラブへの入会は少し様子を見てから」という方は、少なくとも「経済トレンドレポート」（二〇日ごとに発行）だけは購読していただき、最新の情報だけは自分のものにしておいてほしい。

この世の中はすべて、「早い者勝ち」だ。旧約聖書のノアの方舟の話の如く、危機がやってきた時に全員が生き残れるということは残念ながら不可能で、早目に手を打った人だけがサバイバルの切符を手に入れることができる。ぜひ、あなたもその切符を手に入れて「勝ち組」への階段を駆け上っていただきたい。

追記――国家破産の別の側面

本シリーズでは、国家破産の恐るべき実態と対策について詳しく述べてきたが、最後に皆さんにぜひ伝えておきたいことがある。それこそ、本文では触れなかった「国家破産」の別の側面だ。

かつてシュンペーターは、「恐慌とは創造的破壊である」とその本質を言い放ったが、国家破産もまさにパラダイム大転換を巻き起こす「創造的破壊」そのものと言ってよい。

近代日本の二つの例を見ればそれは明らかだ。つまり「明治維新」と「敗戦」だ。この二つとも財政的に見れば、幕府（藩も含む）と大日本帝国が破産したわけであり、政治および社会という点で言えば天地がひっくり返るほどの大転換であった。体制そのものが、まったく別のものに変わったのだ。

したがって、今度やってくる国家破産においても、それと同じことが起こる可能性は十分にある。それが実際に起きるまでは、多くの人々はそのようなことを想像もしないが、実際には大転換はあっという間に押し寄せ、一瞬で旧体制を覆すのだ。あの倒幕の最大の立役者であった西郷隆盛でさえ、「明治維新の五年ほど前までは、あの幕府が倒れるとは自分でさえ思っていなかった」と述懐している。トレンドが一旦動き始めると、当事者でさえ予測もしない速さと破壊力で世の中が大転換する。

そこで、さらに深く考えてみると、国の財政がどうしようもなくなっている——つまり、あまりにも巨大な借金をし、さらにしようとしている状態——というのは、その政府のトップが人気取りに現《うつつ》を抜かして本質を見抜けなくなっているのであり、彼らの劣化が進んでいるのである。

財政は、その国の根幹であり、最重要事項である。それを無視、あるいは軽視して天文学的借金を積み重ねても平気でいるというのは、人間としてあり得ないことである。つまり、政治体制そのものが腐り果てて時代遅れになっていると言ってもよい状況であり、社会構造そのものが大転換を迫られているのである。

とすると、次にくる国家破産（二〇二六〜三五年）によって、この国は劇的に変わらざるを得ないであろう。その大転換が、日本にとって良い方向であることを祈りたいし、日本人にはそうした力が本来、備わっていると信じたい。

ここに、恐ろしい教訓がある。一九二三年に年率一兆％近いハイパーインフレによって国民生活が破壊されたドイツは、その後時間差をおいて国民の不満を巧みに糾合《きゅうごう》したヒトラーによって未曽有の悲劇へと突き進んで行った。さらに近いところでは、ソ連崩壊後のロシアにおいて国家破産の地獄の中から独裁者プーチンが登場し、世界中に不安を撒き散らしている。

この日本を、そうした悲劇へ向かわせてはならない。そのためにも私たちは、心して日本の未来と向き合わなければならない。もちろん自分の財産を守ることは大切だが、それと並行してこの国の将来を鋭く見通し、誤った方角へ向かわないように努力しなければならない。そのために私たち国民は、力を合わせねばならない。そして本当のリーダー、本物のトップを探し出してきて、日本国の中枢に据えねばならない。私も微力ながら、余生をそのために尽くしたいと決意した次第である。

次の〝パラダイム大転換〟が、明治維新のような光輝くものとなることを祈りながら、次の言葉を読者の皆さんに贈ろう。

志、雲よりも高く!!

エピローグ

巨大で定着した財政赤字には結果が伴う
(ウォーレン・バフェット　二〇二三年二月公表の「株主への手紙」より)

〝妖怪〟に財産を喰い潰されないために

本書を読んだ皆さんはすでに深く理解されたことと思うが、国家破産という経済現象は、少し前までのコロナ恐慌に比べて一〇〇倍以上のダメージを皆さんの財産におよぼす〝化け物〟なのだ。

しかも、中身がまったく正反対の代物と言ってよい。したがって今後のトレンドである「国家破産＝インフレ」への大転換において（すでにインフレ自体への転換は始まっている）、オセロゲームのように現在と比べて世の中の風景がまったく白と黒ほどに大逆転し変化する。そのことを事前に知っておかないと、全財産を失うというとんでもない目に遭うことだろう。

したがって、本書を二度も三度も読まれて、国家破産の全貌を理解しながら老後資金を必死に守っていただきたい。本文でも説明した通り、国家破産がやってくると「ハイパーインフレ」「大増税」が襲ってきて、最後に「徳政令」

という とんでもない〝妖怪〟が私たちの財産にとどめを刺すことになる。ハイパーインフレで預金も年金も紙キレとなっているところへ大増税で残った財産も巻き上げられ、最後に何とか守り抜いた虎の子を徳政令（預金封鎖と最高税率九〇％の財産税）で没収されたら、あなたの老後はどうなってしまうのか。

かつて、ソ連が崩壊して国家破産に襲われたロシアでは、年金もなくなり預金も没収された無数の老人が自殺して行った。実際のところ、国家破産とはコロナ恐慌をはるかに超える災害であり、まさにとんでもない被害をあなたの財産におよぼすのだ。

したがって、備えない人は生き地獄に堕ちるのは間違いない。しかも、その対抗策を構築するためには入念な準備が必要で、数年がかりの努力を要すると言ってよい。

というわけで、あなたはすぐ準備に取りかからなければならない。さらに、ある程度専門的な知識もいるので、先ほども言った通り、そうしたことを指導してくれる会員制のクラブに入会した方がよいだろう。多少のコストをかけても専門家のアドバイスの下にきちっとした手を打てば、一〇年後にあなたの老後は輝かしいものとなっていることだろう。本書を元に、読者の未来に幸運の女神が微笑まれんことを願ってペンを置きたい。

二〇二三年四月吉日

浅井　隆

■今後、『投資の王様』『財政危機の研究』『あなたの円が紙キレになる日』(すべて仮題) を順次出版予定です。ご期待下さい。

浅井隆からの重要なお知らせ

——恐慌および国家破産を勝ち残るための具体的ノウハウ

厳しい時代を賢く生き残るために必要な情報を収集するために

私が以前から警告していた通り、いまや世界は歴史上最大最悪の約三京円という額の借金を抱え、それが新型コロナをきっかけとして二～三年以内に大逆回転しそうな情勢です。中でも日本国政府の借金は先進国中最悪で、この国はいつ破産してもおかしくない状況です。そんな中、あなたと家族の生活を守るためには、二つの情報収集が欠かせません。

一つは「国内外の経済情勢」に関する情報収集、もう一つは国家破産対策としての「海外ファンド」や「海外の銀行口座」に関する情報収集です。これらについてては、新聞やテレビなどのメディアやインターネットでの情報収集だけでは十分とは言えません。私はかつて新聞社に勤務し、以前はテレビに出演をしたこともありますが、その経験から言えることは「新聞は参考情報。テレビはあくまでショー（エンターテインメント）」だということです。インターネットも含め、誰もが簡単に入手できる情報でこれからの激動の時代を生き残って行くことはできません。

皆さんにとって、最も大切なこの二つの情報収集には、第二海援隊グループ（代表：浅井隆）が提供する特殊な情報と具体的なノウハウをぜひご活用下さい。

◆浅井隆のナマの声が聞ける講演会

著者・浅井隆の講演会を開催いたします。二〇二三年は大阪・九月二九日（金）、東京・一〇月六日（金）、福岡・一〇月一三日（金）、名古屋・一〇月二〇日（金）で予定しております。経済の最新情報をお伝えすると共に、生き残りの具体的な対策を詳しく、わかりやすく解説いたします。

活字では伝えることのできない、肉声による貴重な情報にご期待下さい。
■詳しいお問い合わせ先は、㈱第二海援隊
TEL：〇三（三二九一）六一〇六　FAX：〇三（三二九一）六九〇〇
Eメール：info@dainikaientai.co.jp

皆さんに特にお勧めしたいのが、浅井隆が取材した特殊な情報をいち早くお届けする「経済トレンドレポート」です。今まで、数多くの経済予測を的中させてきました。そうした特別な経済情報を年三三回（一〇日に一回）発行のレポートでお届けします。初心者や経済情報に慣れていない方にも読みやすい内容で、新聞やインターネットに先立つ情報や、大手マスコミとは異なる切り口からまとめた情報を掲載しています。

さらにその中で、恐慌、国家破産に関する『特別緊急警告』『恐慌警報』『国家破産警報』も流しております。「激動の二一世紀を生き残るために対策をしなければならないことは理解したが、何から手を付ければよいかわからない」「経済情報をタイムリーに得たいが、難しい内容には付いて行けない」という方は、最低でもこの経済トレンドレポートをご購読下さい。年間、約三万円で生き残るための情報を得られます。また、経済トレンドレポートの会員になられますと、当社主催の講演会など様々な割引・特典を受けられます。

■詳しいお問い合わせ先は、㈱第二海援隊　担当：島﨑

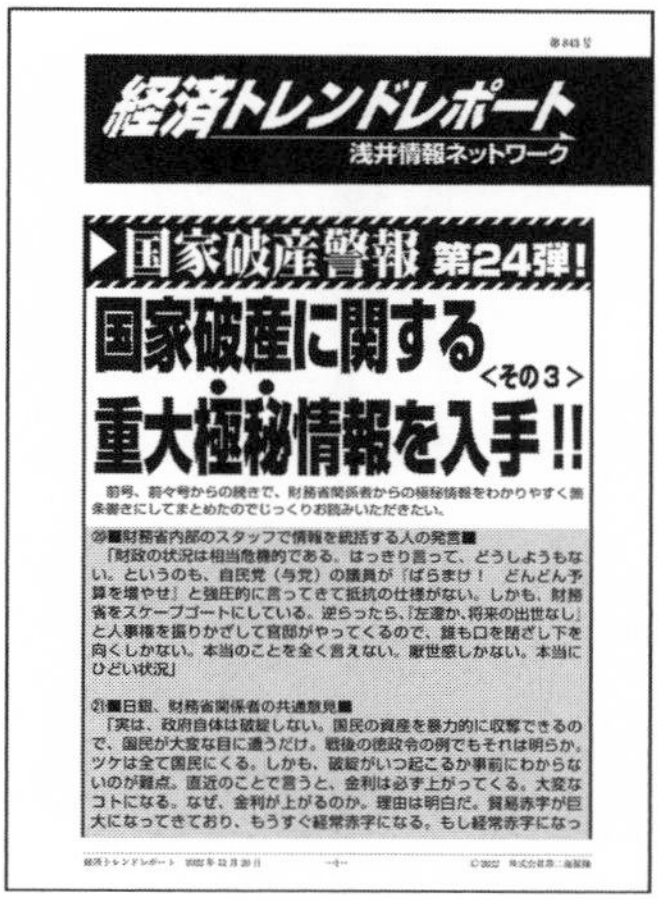

経済トレンドレポート
浅井情報ネットワーク

▶国家破産警報 第24弾!

国家破産に関する<その3>
重大極秘情報を入手!!

前号、前々号からの続きで、財務省関係者からの極秘情報をわかりやすく箇条書きにしてまとめたのでじっくりお読みいただきたい。

⑳■財務省内部のスタッフで情報を統括する人の発言■
「財政の状況は相当危機的である。はっきり言って、どうしようもない。というのも、自民党（与党）の議員が『ばらまけ！ どんどん予算を増やせ』と強圧的に言ってきて抵抗の仕様がない。しかも、財務省をスケープゴートにしている。逆らったら、『左遷か、将来の出世なし』と人事権を振りかざして官邸がやってくるので、誰も口を閉ざし下を向くしかない。本当のことを全く言えない。厭世感しかない。本当にひどい状況」

㉑■日銀、財務省関係者の共通意見■
「実は、政府自体は破綻しない。国民の資産を暴力的に収奪できるので、国民が大変な目に遭うだけ。戦後の徳政令の例でもそれは明らか。ツケは全て国民にくる。しかも、破綻がいつ起こるか事前にわからないのが難点。直近のことで言うと、金利は必ず上がってくる。大変なコトになる。なぜ、金利が上がるのか。理由は明白だ。貿易赤字が巨大になってきており、もうすぐ経常赤字になる。もし経常赤字になっ

2022年12月20日号

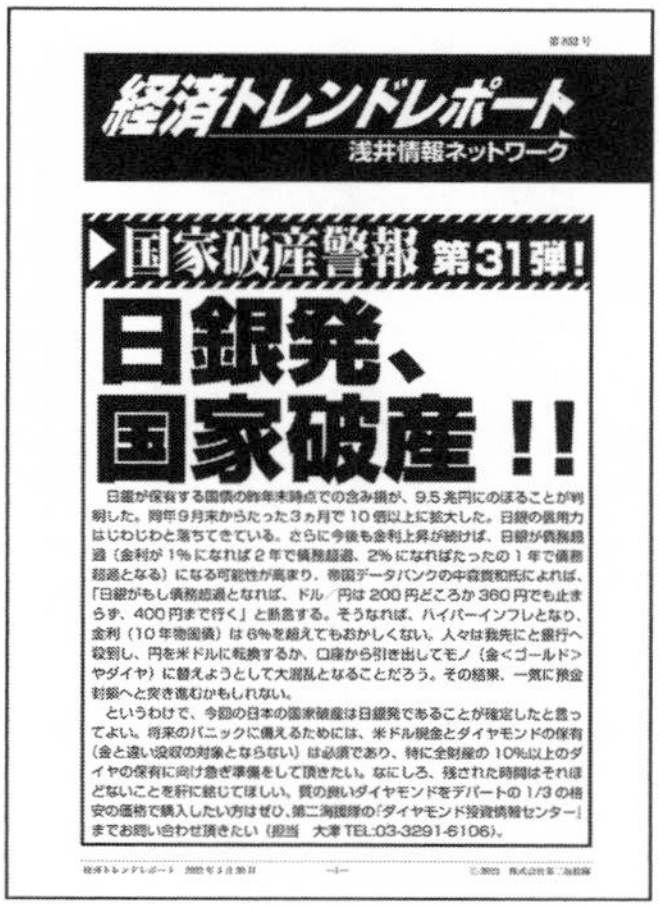

経済トレンドレポート
浅井情報ネットワーク

▶国家破産警報 第31弾!

日銀発、
国家破産!!

日銀が保有する国債の昨年末時点での含み損が、9.5兆円にのぼることが判明した。同年9月末からたった3ヵ月で10倍以上に拡大した。日銀の信用力はじわじわと落ちてきている。さらに今後も金利上昇が続けば、日銀が債務超過（金利が1%になれば2年で債務超過、2%になればたったの1年で債務超過となる）になる可能性が高まり、帝国データバンクの中森貴和氏によれば、「日銀がもし債務超過となれば、ドル/円は200円どころか360円でも止まらず、400円まで行く」と断言する。そうなれば、ハイパーインフレとなり、金利（10年物国債）は6%を超えてもおかしくない。人々は我先にと銀行へ殺到し、円を米ドルに転換するか、口座から引き出してモノ（金<ゴールド>やダイヤ）に替えようとして大混乱となることだろう。その結果、一気に預金封鎖へと突き進むかもしれない。
というわけで、今回の日本の国家破産は日銀発であることが確定したと言ってよい。将来のパニックに備えるためには、米ドル現金とダイヤモンドの保有（金と違い没収の対象とならない）は必須であり、特に全財産の10%以上のダイヤの保有に向け急ぎ準備をして頂きたい。なにしろ、残された時間はそれほどないことを肝に銘じてほしい。質の良いダイヤモンドをデパートの1/3の格安の価格で購入したい方はぜひ、第二海援隊の「ダイヤモンド投資情報センター」までお問い合わせ頂きたい（担当 大津 TEL:03-3291-6106）。

2023年3月30日号

「経済トレンドレポート」は情報収集の手始めとしてぜひお読みいただきたい。

TEL：〇三（三二九一）六一〇六　FAX：〇三（三二九一）六九〇〇
Eメール：info@dainikaientai.co.jp
ホームページアドレス：http://www.dainikaientai.co.jp/

恐慌・国家破産への実践的な対策を伝授する会員制クラブ

◆「自分年金クラブ」「ロイヤル資産クラブ」「プラチナクラブ」

国家破産対策を本格的に実践したい方にぜひお勧めしたいのが、第二海援隊の一〇〇%子会社「株式会社日本インベストメント・リサーチ」（関東財務局長（金商）第九二六号）が運営する三つの会員制クラブ（**「自分年金クラブ」「ロイヤル資産クラブ」「プラチナクラブ」**）です。

まず、この三つのクラブについて簡単にご紹介しましょう。**「自分年金クラブ」**は資産一〇〇〇万円未満の方向け、**「ロイヤル資産クラブ」**は資産一〇〇〇万～数千万円程度の方向け、そして最高峰の**「プラチナクラブ」**は資産一億円以上の方向け（ご入会条件は資産五〇〇〇万円以上）で、それぞれの資産規模に応じた魅力的な海外ファンドの銘柄情報や、国内外の金融機関の活用法に関する情報を提供しています。

恐慌・国家破産は、なんと言っても海外ファンドや海外口座といった「海外の活用」が極めて有効な対策となります。特に海外ファンドについては、私たちは早くからその有効性に注目し、二〇年以上にわたって世界中の銘柄を調査してまいりました。本物の実力を持つ海外ファンドの中には、恐慌や国家破産といった有事に実力を発揮するのみならず、平時には資産運用としても魅力的なパフォーマンスを示すものがあります。こうした情報を厳選してお届けするのが、三つの会員制クラブの最大の特長です。

その一例をご紹介しましょう。三クラブ共通で情報提供する「ATファンド」は、年率五~七%程度の収益を安定的に挙げています。これは、たとえば年率七%なら三〇〇万円を預けると毎年約二〇万円の収益を複利で得られ、およそ一〇年で資産が二倍になる計算となります。しかもこのファンドは、二〇一四年の運用開始から一度もマイナスを計上したことがないという、極めて優秀な運用実績を残しています。日本国内の投資信託などではとても信じられない数字ですが、世界中を見渡せばこうした優れた銘柄はまだまだあるのです。

冒頭にご紹介した三つのクラブでは、「ATファンド」をはじめとしてより高い収益力が期待できる銘柄や、恐慌などの有事により強い力を期待できる銘柄など、様々な魅力を持ったファンド情報をお届けしています。なお、資産規模が大きいクラブほど、取り扱い銘柄数も多くなっております。

また、ファンドだけでなく金融機関選びも極めて重要です。単に有事にも耐え得る高い信頼性というだけでなく、各種手数料の優遇や有利な金利が設定されている、日本に居ながらにして海外の市場と取引ができるなど、金融機関も様々な特長を持っています。こうした中から、各クラブでは資産規模に適した、魅力的な条件を持つ国内外の金融機関に関する情報を提供し、またその活用方法についてもアドバイスしています。

その他、国内外の金融ルールや国内税制などに関する情報など資産防衛に有用な様々な情報を発信、会員の皆さんの資産に関するご相談にもお応えしております。浅井隆が長年研究・実践してきた国家破産対策のノウハウを、ぜひあなたの大切な資産防衛にお役立て下さい。
■詳しいお問い合わせは「㈱日本インベストメント・リサーチ」
TEL：〇三（三二九一）七二九一　FAX：〇三（三二九一）七二九二
Eメール：info@nihoninvest.co.jp

株で資産を作れる時代がやってきた！〝四つの株投資クラブ〟のご案内

一、「㊙株情報クラブ」

「㊙株情報クラブ」は、普通なかなか入手困難な日経平均の大きなトレンド、現物個別銘柄についての特殊な情報を少人数限定の会員制で提供するものです。しかも、「ゴールド」と「シルバー」の二つの会があります。目標は、提供した情報の八割が予想通りの結果を生み、会員の皆さんの資産が中長期的に大きく殖えることです。そのために、日経平均については著名な「カギ足」アナリストの川上明氏が開発した「T1システム」による情報提供を行ないます。川上氏はこれまでも多くの日経平均の大転換を当てていますので、これからも当クラブに入会された方の大きな力になると思います。

また、その他の現物株（個別銘柄）については短期と中長期の二種類に分けて情報提供を行ないます。短期については川上明氏開発の「T14」「T16」という二つのシステムにより日本の上場銘柄をすべて追跡・監視し、特殊な買いサインが出ると即買いの情報を提供いたします。そして、買った値段から一〇％上昇したら即売却していただき、利益を確定します。この「T14」「T16」は、これまでのところ当たった実績が九八％という驚異的なものとなっております（二〇一五年一月〜二〇二〇年六月におけるシミュレーション）。

さらに中長期的銘柄としては、浅井の特殊な人脈数人および第二海援隊の一〇〇％子会社である㈱日本インベストメント・リサーチの専任スタッフが選び抜いた日・米・中三ヵ国の成長銘柄を情報提供いたします。特に、スイス在住の市場分析・研究家、吉田耕太郎氏の銘柄選びには定評があります。参考までに、吉田氏が選んだ三つの過去の銘柄の実績を挙げておきます（「㊙株情報クラブ」発足時の情報です）。

まず一番目は、二〇一三年に吉田氏が推奨した「フェイスブック」（現「メタ」）。当時二七ドルでしたが、それが三〇〇ドル超になっています。つまり、七～八年で一〇倍というすさまじい成績を残しています。二番目の銘柄としては、「エヌビディア」です。こちらは二〇一七年、一〇〇ドルの時に推奨し、六〇〇ドル超となっていますので、四年で六倍以上です。さらに三番目の銘柄の「アマゾン」ですが、二〇一六年、七〇〇ドルの時に推奨し、三二〇〇ドル超です。こちらは五年で四・五倍です。こういった銘柄を中長期的に持つということは、皆さんの財産形成において大きく資産を殖やせるものと思われます。

そこで、「ゴールド」と「シルバー」の違いを説明いたしますと、「ゴールド」は小さな銘柄も含めて年四～八銘柄を皆さんに推奨する予定です。これはあくまでも目標で年平均なので、多い年と少ない年があるのはご了承下さい。「シルバー」に関しては、小さな銘柄（売買が少なかったり、上場されてはいるが出来高が非常に少ないだけではなく時価総額も少なくてちょっとしたお金でも株価が大きく動く銘柄）は情報提供をいたしません。これは、情報提供をするとそれだけで上がる危険性があるためです（「ゴールド」は人数が少ないので小さな銘柄も情報提供いたします）。そのため、「シルバー」の推奨銘柄は年三～六銘柄と少なくなっております。

「ゴールド」はまさに少人数限定二〇名のみ、「シルバー」も六〇名限定となっております。「シルバー」は二次募集をする可能性もあります。

クラブは二〇二一年六月よりサービスを開始しており、すでに会員の皆さんへ有用な情報をお届けしております。

なお、二〇二一年六月二六日に無料説明会（「㊙株情報クラブ」「ボロ株クラブ」合同）を第二海援隊隣接セミナールームにて開催いたしました。その時のCDを二〇〇〇円（送料込み）にてお送りしますのでお問い合わせ下さい。

皆さんの資産を大きく殖やすという目的のこの二つのクラブは、皆さんに大変有益な情報提供ができると確信しております。奮ってご参加下さい。

■お問い合わせ先：㈱日本インベストメント・リサーチ「㊙株情報クラブ」
TEL：〇三（三二九一）七二九一　FAX：〇三（三二九一）七二九二
Eメール：info@nihoninvest.co.jp

二、「ボロ株クラブ」

「ボロ株」とは、主に株価が一〇〇円以下の銘柄を指します。何らかの理由で売り叩かれ、投資家から相手にされなくなった〝わけアリ〟の銘柄もたくさんあり、証券会社の営業マンがお勧めすることもありませんが、私たちはそこにこそ収益機会があると確信しています。

過去一〇年、〝株〟と聞くと多くの方は成長の著しいアメリカのICT（情報通信技術）関連の銘柄を思い浮かべるのではないでしょうか。アップルやFANG（フェイスブック〈現「メタ」〉、アマゾン、ネットフリックス、グーグル）、さらには大手EVメーカーのテスラといったICT銘柄の騰勢は目を見張るほどでした。しかし、こうした銘柄はボラティリティが高くよほどの〝腕〟が求められることでしょう。

「人の行く裏に道あり花の山」という相場の格言があります。「人はとかく群集心理で動きがちだ。いわゆる付和雷同である。ところが、それでは大きな成功は得られない。むしろ他人とは反対のことをやった方が、うまく行く場合が多い」とこの格言は説いています。すなわち、私たちはなかば見捨てられた銘柄にこそ大きなチャンスが眠っていると考えています。実際、「ボロ株」はしばしば大化けします。事実として先に開設されている「日米成長株投資クラブ」で情報提供した低位株（「ボロ株」を含む株価五〇〇円以下の銘柄）は、二〇一九～二〇年に多くの実績を残しました。

もちろん、やみくもに「ボロ株」を推奨して行くということではありません。弊社が懇意にしている「カギ足」アナリスト川上明氏の分析を中心に、さらには同氏が開発した自動売買判断システム「ＫＡＩ―解―」からの情報も取り入れ、短中長期すべてをカバーしたお勧めの取引（銘柄）をご紹介します。

構想から開発までに十数年を要した「ＫＡＩ」には、すでに多くの判断システムが組み込まれていますが、「ボロ株クラブ」ではその中から「T8」というシステムによる情報を取り入れています。T8の戦略を端的に説明しますと、「ある銘柄が急騰し、その後に反落、そしてさらにその後のリバウンド（反騰）を狙う」となります。

川上氏のより具体的な説明を加えましょう――「ある銘柄が急騰すると、利益確定に押され急落する局面が往々にしてあるが、出遅れ組の押し目が入りやすい。すなわち、急騰から反落の際には一度目の急騰の際に買い逃した投資家の買いが入りやすい」。過去の傾向からしても、およそ七割の確率でさらなるリバウンドが期待できるとのことです。そして、リバウンド相場は早く動くことが多いため、投資効率が良くデイトレーダーなどの個人投資家にとっては打って付けの戦略と言えます。川上氏は、生え抜きのエンジニアと一緒に一九九〇～二〇一四年末までのデータを使ってパラメータ（変数）を決定し、二〇一五年一月四日～二〇二〇年五月二〇日までの期間で模擬売買しています。すると、勝率八割以上という成績になりました。一銘柄ごとの平均リターンは約五%強ですが、「ボロ株クラブ」では、「T８」の判断を元に複数の銘柄を取引することで目標年率二〇％以上を目指します。

これら情報を複合的に活用することで、年率四〇％も可能だと考えています。年会費も第二海援隊グループの会員の皆さんにはそれぞれ割引サービスをご用意しております。詳しくは、お問い合わせ下さい。また、「ボロ株」の「時価総額や出来高が少ない」という性質上、無制限に会員様を募ることができません。一〇〇名を募集上限（第一次募集）とします。

■お問い合わせ先：㈱日本インベストメント・リサーチ「ボロ株クラブ」

ＴＥＬ：〇三（三二九一）七二九一　ＦＡＸ：〇三（三二九一）七二九二
Ｅメール：info@nihoninvest.co.jp

三、「日米成長株投資クラブ」

世界経済の潮流は、「低インフレ・低金利」から「高インフレ・高金利」に大きく様変わりしました。資産の防衛・運用においても、長期的なインフレ局面に則した考え方、取り組みが必要となります。

端的に言えば、インフレでは通貨価値が減少するため、現金や預金で資産を持つのは最悪手となります。リスクを採って、積極的な投資行動に打って出ることが極めて有効かつ重要となります。中でも、「株式投資」は誰にでも取り組みやすく、しかもやり方次第では非常に大きな成果を挙げ、資産を増大させることが可能です。

浅井隆は、インフレ時代の到来と株式投資の有効性に着目し、インフレトレンドが本格化する前の二〇一八年、「日米成長株投資クラブ」を立ち上げ、株式に関する情報提供、助言を行なってきました。クラブの狙いは、株式投資に特化しつつも経済トレンドの変化にも対応するという、他にはないユニークな情報を提供する点です。現代最高の投資家であるウォーレン・バフェット氏とジョージ・ソロス氏の投資哲学を参考として、割安な株、成長期待の高い株を見極め、じっくり保有するバフェット的発想と、経済トレンドを見据えた大局観の投資判断を行なって行くソロス的手法を両立することで、大激動を逆手に取り、「二〇年後に資産一〇倍」を目指します。

経済トレンド分析には、私が長年信頼するテクニカル分析の専門家、川上明氏による「カギ足分析」を主軸としつつ、長年多角的に経済トレンドの分析を行なってきた浅井隆の知見も融合して行きます。川上氏のチャート分析は極めて強力で、たとえば日経平均では三三年間で約七割の驚異的な勝率を叩き出しています。

また、個別銘柄については発足から二〇二三年一月までに延べ五〇銘柄程度を情報提供してきましたが、多くの銘柄で良好な成績を残し、会員の皆さんに収益機会となる情報をお届けすることができました。これらの銘柄の中には、低位小型株から比較的大型のものまで含まれており、中には短期的に連日ストップ高を記録し数倍に大化けしたものもあります。

会員の皆さんには、こうした情報を十分に活用していただき、当クラブにて大激動をチャンスに変えて大いに資産形成を成功させていただきたいと考えております。ぜひこの機会を逃さずにお問い合わせ下さい。サービス内容は以下の通りです。
1．浅井隆、川上明氏（テクニカル分析専門家）が厳選する国内の有望銘柄の情報提供
2．株価暴落の予兆を分析し、株式売却タイミングを速報
3．日経平均先物、国債先物、為替先物の売り転換、買い転換タイミングを速報
4．バフェット的発想による、日米の超有望成長株銘柄を情報提供
詳しいお問い合わせは「㈱日本インベストメント・リサーチ」
TEL：〇三（三二九一）七二九一　FAX：〇三（三二九一）七二九二
Eメール：info@nihoninvest.co.jp

四、「オプション研究会」

二〇二二年二月、突如として勃発したロシアのウクライナ侵攻によって、冷戦終結から保たれてきた平和秩序は打ち破られ、世界はまったく新しい局面

を迎えました。これから到来する時代は、「平和と繁栄」から「闘争と淘汰」という厳しいものになるかもしれません。そして、天文学的債務を抱える日本においては、財政破綻、徳政令、株価暴落といった経済パニックや、台湾有事など地政学的なリスク、さらには東南海地震や首都直下地震などの天災など、様々な激動に見舞われるでしょう。

もちろん、こうした激動の時代には大切な資産も大きなダメージを受けることになります。一見すると絶望的にも思われますが、実は考え方を変えれば「激動の時代＝千載一遇の投資のチャンス」にもなるのです。そして、それを実現するための極めて有効な投資の一つが「オプション取引」なのです。

「オプション取引」は、株式などの一般的な取引とは異なり、短期的な市場の動きに大きく反応し、元本の数十～一〇〇〇倍以上もの利益を生み出すこともあるものです。そうした大きな収益機会を、「買い建て」のみで取り組むことで、損失リスクを限定しながら掴むことができるのです。激動の時代には市場も大きく揺れ動き、「オプション取引」においても前述したような巨大な収益機会がたびたび生まれることになります。もちろん、市場が暴落した時のみならず、急落から一転して大反騰した時にもそうしたチャンスが発生し、それを活用することができます。市場の上げ、下げいずれもがチャンスとなるわけです。

「オプション取引」の重要なポイントを今一度まとめます。

・非常に短期（数日～一週間程度）で、数十倍～数百倍の利益を上げることも可能
・しかし、「買い建て」取引のみに限定すれば、損失は投資額に限定できる
・恐慌、国家破産などで市場が大荒れするほどに収益機会が広がる
・最低投資額は一〇〇〇円（取引手数料は別途）
・株やFXと異なり、注目すべき銘柄は基本的に「日経平均株価」の動きのみ
・給与や年金とは分離して課税される（税率約二〇％）

こうした極めて魅力的な特長を持つ「オプション取引」ですが、これを活用するにはオプションとその取引方法に習熟することが必須となります。オプションの知識習得と、パソコンやスマホによる取引操作の習熟が大きなカギで

すが、「オプション取引」はこれらの労を割くに値するだけの強力な「武器」になり得ます。

もしあなたが、これからの激動期を「オプション取引」で挑んでみたいとお考えであれば、第二海援隊グループがその習熟を「情報」と「助言」で強力に支援いたします。二〇一八年一〇月に発足した「オプション研究会」では、「オプション取引」はおろか株式投資など他の投資経験もないという方にも、道具の揃え方から基本知識の伝授、投資の心構え、市況変化に対する考え方や収益機会のとらえ方など、初歩的な事柄から実践に至るまで懇切丁寧に指導いたします。

また二〇二一年秋には収益獲得のための新たな戦略「三〇%複利戦法」を開発し、会員様への情報提供を開始しました。「オプション取引」は、大きな収益を得られる可能性がある反面、収益局面を当てるのが難しいという傾向がありますが、新戦略では利益率を抑える代わりに勝率を上げることを目指しています。こうした戦略もうまく使うことで、「オプション取引」の面白さを実感していただけると考えております。これからの「恐慌経由、国家破産」というピンチをチャンスに変えようという意欲がある方のご入会を心よりお待ちしております。

※なお、オプション研究会のご入会には、「日米成長株投資クラブ」の会員であることが条件となります。また、ご入会時には当社規定に基づく審査があります。あらかじめご了承下さい。

㈱日本インベストメント・リサーチ オプション研究会」担当 山内・稲垣・関
TEL：〇三（三二九一）七二九一　FAX：〇三（三二九一）七二九二
Eメール：info@nihoninvest.co.jp

◆「オプション取引」習熟への近道を知るための「セミナーDVD・CD」発売中

「オプション取引」の習熟を全面支援し、また取引に参考となる市況情報なども提供する「オプション研究会」。その概要を知ることができる「DVD／C

D」を用意しています。

■「オプション研究会 無料説明会 受講DVD／CD」■

浅井隆自らがオプション投資の魅力と活用のポイントについて解説し、また専任スタッフによる「オプション研究会」の具体的内容を説明した「オプション研究会 無料説明会」（二〇一八年一二月一五日開催）の模様を収録したDVD／CDです。「浅井隆からのメッセージを直接聞いてみたい」「オプション研究会への理解を深めたい」という方は、ぜひご入手下さい。

「オプション研究会 無料説明会 受講DVD／CD」（約一六〇分）

価格　DVD　三〇〇〇円（送料込）／CD　二〇〇〇円（送料込）

※お申込み確認後、約一〇日で代金引換にてお届けいたします。

■以上、「オプション研究会」、DVD／CDに関するお問い合わせは、

㈱日本インベストメント・リサーチ「オプション研究会」担当：山内・稲垣・関

TEL：〇三（三二九一）七二九一　FAX：〇三（三二九一）七二九二

Eメール：info@nihoninvest.co.jp

他にも第二海援隊独自の〝特別情報〟をご提供

◆「ダイヤモンド投資情報センター」

現物資産を持つことで資産保全を考える場合、小さくて軽いダイヤモンドは持ち運びも簡単で、大変有効な手段と言えます。近代画壇の巨匠・藤田嗣治は第二次世界大戦後、混乱する世界を渡り歩く際、資産として持っていたダイヤモンドを絵の具のチューブに隠して持ち出し、渡航後の糧にしました。金《きん》（ゴールド）だけの資産防衛では不安という方は、ダイヤモンドを検討するのも一手でしょう。しかし、ダイヤモンドの場合、金《きん》とは違って公的な市場が存在せず、専門の鑑定士がダイヤモンドの品質をそれぞれ一点ずつ評価して値段が決まるため、売り買いは金《きん》に比べるとかなり難しいという事情があります。そのため、信頼できる専門家や取り扱い店と巡り合えるかが、ダイヤモンドでの資産保全の成否の分かれ目です。

そこで、信頼できるルートを確保し業者間価格の数割引という価格での購入が可能で、ＧＩＡ（米国宝石学会）の鑑定書付きという海外に持ち運んでも適正価格での売却が可能な条件を備えたダイヤモンドの売買ができる情報を提供いたします。

ご関心がある方は「ダイヤモンド投資情報センター」にお問い合わせ下さい。

■お問い合わせ先：㈱第二海援隊　ＴＥＬ：〇三（三二九一）六一〇六　担当：大津

◆『浅井隆と行くニュージーランド視察ツアー』

南半球の小国でありながら独自の国家戦略を掲げる国、ニュージーランド。ロシアのウクライナ侵攻で世界中が騒然とする中、この国が今、「世界で最も安全な国」として脚光を浴びています。核や自然災害の脅威、資本主義の崩壊に備え、世界中の大富豪がニュージーランドに広大な土地を購入し、サバイバル施設を建設しています。さらに、財産の保全先（相続税、贈与税、キャピタルゲイン課税がありません）、移住先としてもこれ以上の国はないかもしれません。

そのニュージーランドを浅井隆と共に訪問する、「浅井隆と行くニュージーランド視察ツアー」を開催しております（次回は二〇二三年一一月に予定しております）。現地では、浅井の経済最新情報レクチャーもございます。内容の充実した素晴らしいツアーです。ぜひ、ご参加下さい。

■お問い合わせ先：㈱第二海援隊　TEL：〇三（三二九一）六一〇六　担当：大津

◆二度とできない特別緊急講演会を収録したCD／DVD発売！

日本国政府の中枢で約半年前まで活躍されており、文藝春秋二〇二一年一一月号に「このままでは国家財政は破綻する」という衝撃のレポートを書いた、あの矢野康治前財務次官が、去る二〇二二年一一月一八日に読者の皆さんのために特別なご講演をされました。

今回、特別に当日のCD・DVDを発売いたします。内容は、矢野氏のご講演の他、浅井隆からの鋭い質疑応答も盛り込んだもので、当日使用した資料もお付けします。他では決して聞くことができない必聴のレクチャーなので、この機会にぜひお買い求め下さい。

「前財務次官 矢野康治氏特別緊急講演会 受講CD／DVD」

価格　CD　　二万二〇〇〇円（送料込）

DVD　二万五〇〇〇円（送料込）

※ご入金確認後、準備が整い次第、順次お届けいたします。

■詳しいお問い合わせ先は、㈱第二海援隊　担当：齋藤

TEL：〇三（三二九一）六一〇六　FAX：〇三（三二九一）六九〇〇

Eメール：info@dainikaientai.co.jp

◆「核攻撃標的マップ」販売！

日本国土上の核攻撃目標となり得るところ（米軍関連基地、自衛隊のターゲットとなり得る基地、原発など、ロシアがターゲットとしている大都市）を大きな日本地図に書き込んだ地図を読者限定でお分けしたいと思います（消費税・送料込みで一枚三〇〇〇円）。さらに洋書『Nuclear Battlefields』（核戦場）に記された日本の危険な目標物をまとめたコピーも特典として同封します。ご

希望の方は、ぜひお問い合わせ下さい。
■お問い合わせ先：ＴＥＬ：〇三（三二九一）六一〇六　担当：齋藤

◆あなたの本を作ってみませんか

「これまでの人生をまとめた本を作りたい」「家族の思い出をまとめたい」「趣味の写真を本にしたい」「自分の会社の社史を編纂したい」……。人生の節目で、あなたの想いや足跡をかたちにしてみませんか？　私たち第二海援隊出版部がお手伝いをさせていただきます。漠然とした想いだけでも構いません。その方のご希望に沿った冊数（少部数でもご相談下さい）、形式、ご予算でご相談に乗らせていただきます。ぜひ一度ご相談下さい（原則、一般流通は致しません）。
■相談窓口：㈱第二海援隊　ＴＥＬ：〇三（三二九一）一八二一　担当：山上

◆第二海援隊ホームページ

第二海援隊では様々な情報をインターネット上でも提供しております。詳しくは「第二海援隊ホームページ」をご覧下さい。私ども第二海援隊グループは、皆さんの大切な財産を経済変動や国家破産から守り殖やすためのあらゆる情報提供とお手伝いを全力で行ないます。

また、浅井隆によるコラム「天国と地獄」を連載中です。経済を中心に長期的な視野に立って浅井隆の海外をはじめ現地生取材の様子をレポートするなど、独自の視点からオリジナリティあふれる内容をお届けします。

■ホームページアドレス：http://www.dainikaientai.co.jp/

第二海援隊
ＨＰはこちら

〈参考文献〉

【新聞・通信社】

『日本経済新聞』『毎日新聞』『東京新聞』『ブルームバーグ』『ロイター』

【書籍】

『ギリシャ人の真実』（柳田富美子著　講談社）
『東京証券取引所 50 年史』（東京証券取引所）

【拙著】

『世界同時破産！』（第二海援隊）
『ギリシャの次は日本だ！』（第二海援隊）
『コロナでついに国家破産』（第二海援隊）
『20 年ほったらかして 1 億円の老後資金を作ろう！』（第二海援隊）
『2026 年日本国破産〈あなたの身に何が起きるか編〉』（第二海援隊）
『2026 年日本国破産〈現地突撃レポート編〉』（第二海援隊）
『2026 年日本国破産〈対策編・上〉』（第二海援隊）

【その他】

『経済トレンドレポート』

【ホームページ】

フリー百科事典『ウィキペディア』
『政府広報オンライン』『NHK』『総務省』『日本銀行』
『東証マネ部！（日本取引所グループ）』『日経ビジネスオンライン』
『三井住友銀行』『エコノミスト』『ウォール・ストリート・ジャーナル』
『フォーブス』

〈著者略歴〉

浅井　隆　（あさい　たかし）

経済ジャーナリスト。1954 年東京都生まれ。学生時代から経済・社会問題に強い関心を持ち、早稲田大学政治経済学部在学中に環境問題研究会などを主宰。一方で学習塾の経営を手がけ学生ビジネスとして成功を収めるが、思うところあり、一転、海外放浪の旅に出る。帰国後、同校を中退し毎日新聞社に入社。写真記者として世界を股にかける過酷な勤務をこなす傍ら、経済の猛勉強に励みつつ独自の取材、執筆活動を展開する。現代日本の問題点、矛盾点に鋭いメスを入れる斬新な切り口は多数の月刊誌などで高い評価を受け、特に 1990 年東京株式市場暴落のナゾに迫る取材では一大センセーションを巻き起こす。

その後、バブル崩壊後の超円高や平成不況の長期化、金融機関の破綻など数々の経済予測を的中させてベストセラーを多発し、1994 年に独立。1996 年、従来にないまったく新しい形態の 21 世紀型情報商社「第二海援隊」を設立し、以後約 20 年、その経営に携わる一方、精力的に執筆・講演活動を続ける。

主な著書：『大不況サバイバル読本』『日本発、世界大恐慌！』（徳間書店）『95 年の衝撃』（総合法令出版）『勝ち組の経済学』（小学館文庫）『次にくる波』（PHP 研究所）『Human Destiny』（『9・11 と金融危機はなぜ起きたか !?〈上〉〈下〉』英訳）『いよいよ政府があなたの財産を奪いにやってくる !?』『徴兵・核武装論〈上〉〈下〉』『最後のバブルそして金融崩壊『国家破産ベネズエラ突撃取材』『都銀、ゆうちょ、農林中金まで危ない !?』『デイトレ・ポンちゃん』『巨大インフレと国家破産』『年金ゼロでやる老後設計』『ボロ株投資で年率 40％も夢じゃない !!』『2030 年までに日経平均 10 万円、そして大インフレ襲来 !!』『コロナでついに国家破産』『瞬間 30％の巨大インフレがもうすぐやってくる !!』『老後資金枯渇』『2022 年インフレ大襲来』『2026 年日本国破産〈警告編〉』『日本は第 2 のウクライナとなるのか !?』『極東有事——あなたの町と家族が狙われている！』『2026 年日本国破産〈あなたの身に何が起きるか編〉』『オレが香港ドルを暴落させる　ドル / 円は 150 円経由 200 円へ！』『巨大食糧危機とガソリン 200 円突破』『2025 年の大恐慌』『2026 年日本国破産〈現地突撃レポート編〉』『1 ドル＝ 200 円時代がやってくる !!』『ドル建て金持ち、円建て貧乏』『2026 年日本国破産〈対策編・上〉』『20 年ほったらかして 1 億円の老後資金を作ろう！』（第二海援隊）など多数。

2026 年 日本国破産〈対策編・下〉

2023 年 5 月 10 日　初刷発行

著　者　浅井　隆
発行者　浅井　隆
発行所　株式会社　第二海援隊
〒 101-0062
東京都千代田区神田駿河台２- ５- １　住友不動産御茶ノ水ファーストビル８Ｆ
電話番号　03-3291-1821　　ＦＡＸ番号　03-3291-1820

印刷・製本／株式会社シナノ

　ISBN978-4-86335-233-9

第二海援隊発足にあたって

日本は今、重大な転換期にさしかかっています。にもかかわらず、私たちはこの極東の島国の上で独りよがりのパラダイムにどっぷり浸かって、まだ太平の世を謳歌しています。

しかし、世界はもう動き始めています。その意味で、現在の日本はあまりにも「幕末」に似ているのです。ただ、今の日本人には幕末の日本人と比べて、決定的に欠けているものがあります。それこそ、志と理念です。現在の日本は世界一の債権大国（＝金持ち国家）に登り詰めはしましたが、人間の志と資質という点では、貧弱な国家になりはててしまいました。それこそが、最大の危機といえるかもしれません。

そこで私は「二十一世紀の海援隊」の必要性を是非提唱したいのです。今日本に必要なのは、技術でも資本でもありません。志をもって大変革を遂げることのできる人物と、それを支える情報です。まさに、情報こそ〝力〟なのです。そこで私は本物の情報を発信するための「総合情報商社」および「出版社」こそ、今の日本に最も必要と気付き、自らそれを興そうと決心したのです。

しかし、私一人の力では微力です。是非皆様の力をお貸しいただき、二十一世紀の日本のために少しでも前進できますようご支援、ご協力をお願い申し上げる次第です。

浅井　隆